知識ゼロからの

ビッグデータ入門

東京大学先端科学技術研究センター特任教授
情報未来創研代表

稲田修一

Shuichi Inada

BIG DATA

- ●マーケティング・広告に使う
- ●アマゾンのオススメ戦略
- ●日本最大のレシピサイト・クックパッド
- ●ローソンのグリーンスムージー
- ●コールセンターの受注業務
- ●生活習慣データを蓄積「WM(わたしムーヴ)」
- ●教育が変わる
- ●ビデオ・オンデマンドサービス
- ●ニュースまとめアプリ「グノシー」
- ●経済動向を読む

幻冬舎

はじめに

ビジネスや社会を大きく変えるビッグデータ

最近、ウェブでも、新聞でも、セミナーや講演会においても、「ビッグデータ」や「人工知能」「ＩｏＴ《アイオーティー》（モノのインターネット）」という言葉が頻繁に出てきます。でも何となく難しそうだし、一般人にはわからない専門家の話だよね、と考えてはいませんか。

そうではありません。これはビジネスや社会を大きく変える話です。ビジネスパーソンならば常識として知っておくべき話です。

しかも、これらの新しい概念の根っこは同じです。「たくさんのデータ（＝ビッグデータ）を活用して、コンピュータが少しだけ賢くなる」という話です。専門的な技術はわからなくても、賢いコンピュータを活用することによって、私たちの仕事や暮らしにどのような変化が起きるかを理解しておくことは重要です。

金融分野では、ファイナンス（金融）とテクノロジー（技術）を組みあわせた「フィンテック」という言葉がクローズアップされています。この発展により、金融の仕事は劇的に変わると考えられています。

既に、ビッグデータを活用することで賢くなったコンピュータが、人のかわりに融資審査や資産運用アドバイス、株式の売買判断などの仕事を始めています。今までは知的な労働だから人にしかできないと考えられていた仕事が、自動化されているのです。また、モバイル決済などの新しいサービスも続々と登場しています。

少し賢くなったコンピュータと時代を切り拓く

今後、車の自動運転が実現したり、製造工程のスマート化が実現したり、あるいは健康管理方法の進化によって生活習慣病が予防しやすくなったりと、私たちのビジネスや社会は大きく変わります。この大変革に対応するには、あらゆる組織が仕事のやり方を抜本的に見直さなければなりません。

変わらなければならないのは、組織だけではありません。私たち1人ひとりも、考え方やものの見方を改めなければなりません。

少しだけ賢くなったコンピュータを上手に活用することによって、新しい価値をつくることができます。また、認識や理解を深め、より迅速で正確な判断を下すことができるようになります。コンピュータの新しい能力を私たちの即

はじめに

戦力パートナーとして、時代を切り拓くことができるのです。

これを可能にするには、まずは新しい概念を理解する必要があります。

本書は、ビッグデータ時代の指南書として、ビッグデータ超初心者でもわかるように解説しています。「ビッグデータって、いったい何？」と思っているみなさん、本書を読んで新しい風を理解してください。

また、ビッグデータや人工知能、ＩｏＴ《アイオーティー》をちょっとだけご存じの方も本書を読んでみてください。大きな流れを鳥瞰《ちょうかん》することで、新しい概念の本質をつかむことができ、ものの見方が変わります。

この本が、ビッグデータをはじめとするコンピュータの新しい能力への理解を深める一助となることを期待しています。

２０１５年11月

稲田修一

第1章 大量のデータ＝ビッグデータではない

第3章 なぜ家電やメガネが次々と〝スマート〟になるのか

第6章

人工知能は人の仕事を奪うのか

＊本書に掲載している内容は、2015年11月現在の情報にもとづいています。

スマホ、買い物、検索……

あらゆる行動がビッグデータに

毎日のようにニュースサイトや新聞に登場する「ビッグデータ」「人工知能」「IoT《アイオーティー》」といった言葉。正確な意味やどんなことに使われているのか、なぜ今よく取り上げられるのか、知っていますか？

へぇ〜〜〜
身近にもいろいろあります
SNS ➡P34
マイナンバー ➡P138
スマホのアプリ ➡P56
オンラインショップ ➡P40
スマホで検索 ➡P38
まもなく目的地です
カーナビ ➡P122
交通系ICカード ➡P21
ポイントカード ➡P48

仕事にも使えるんですか？
商品開発にも？
営業にも？
もちろんです！
これからの時代、ビジネスにビッグデータ活用は必須ですよ！
➡第7章
キーワード
「IoT」「人工知能」など、ビッグデータに関わるキーワードを解説します。
さらに進化
より先進的な事例や、今後の見通しなどを紹介します。
ビッグデータ活用例
ビッグデータをビジネスや社会問題の解決に活用し、成果をあげた事例を紹介します。
本書ではビッグデータの本質が理解できるよう
多くの事例やキーワードを紹介しています
よしっ！
この本で勉強するぞ！

第1章

大量のデータ＝ビッグデータではない

ビッグデータとは何か

BIG DATA

大量のデータをビジネスに活用できるようになった

インターネットやスマートフォンをはじめとするＩＴ機器の急速な普及で、膨大な量のデータが生まれています。これが「ビッグデータ」です。

その概念を示すのが「３Ｖ」（Ｐ17参照）です。ビッグデータが単に「大きい」だけではないことがわかるでしょう。

ビッグデータは、これまでの人間が体感できたデータ量をはるかに凌駕し、従来のデータとは異なる特徴を持っています。ビッグデータを解析し、より便利なサービスや業務の効率化につなげようというのです。

ビッグデータは３つの“V”を持つデータ

下記の３つの“Ｖ”（量［Volume］、多様性［Variety］、速度［Velocity］）をすべて満たすデータが、ビッグデータ。

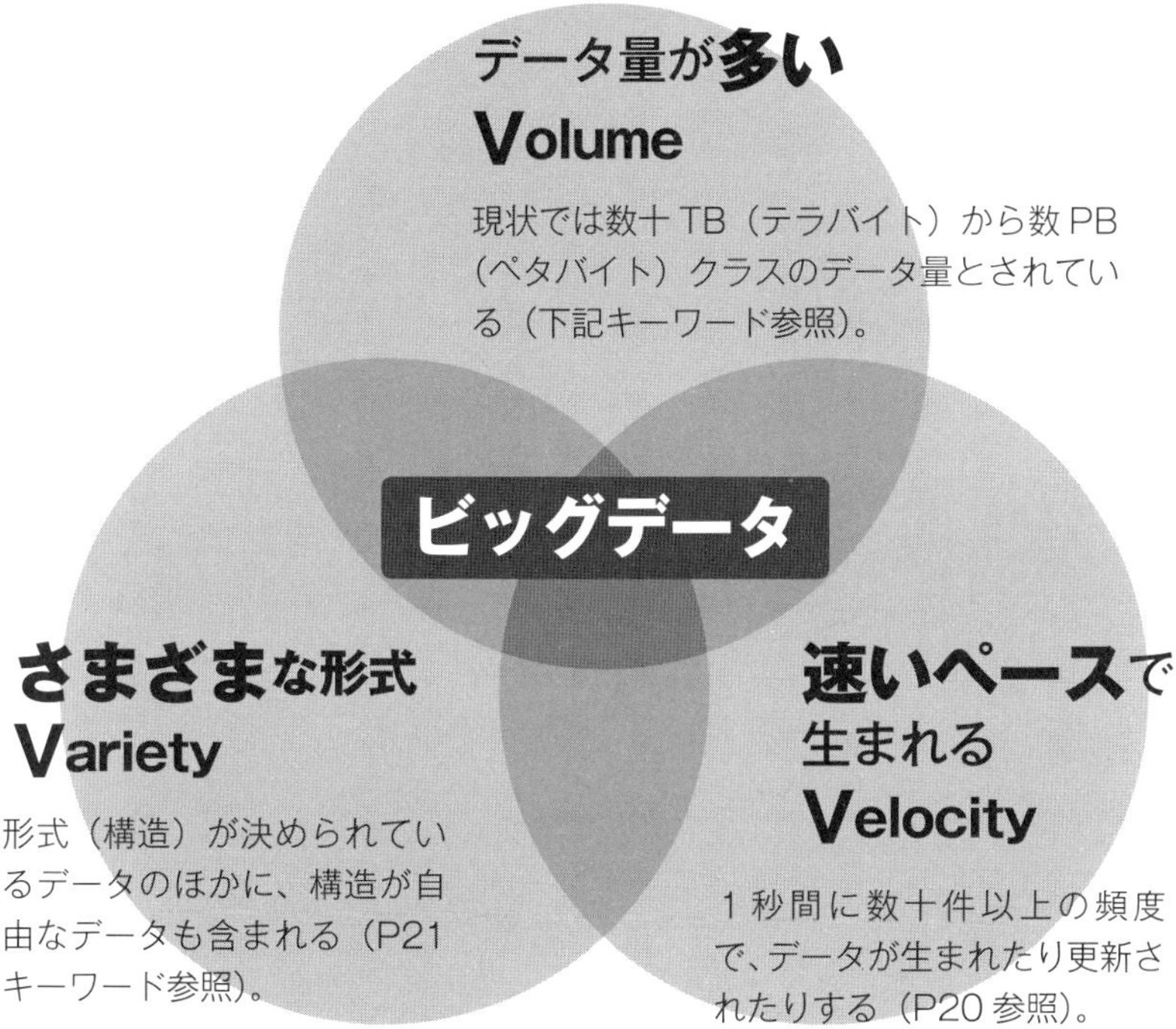

データ量が多い
Volume
現状では数十TB（テラバイト）から数PB（ペタバイト）クラスのデータ量とされている（下記キーワード参照）。
ビッグデータ
さまざまな形式
Variety
形式（構造）が決められているデータのほかに、構造が自由なデータも含まれる（P21キーワード参照）。
速いペースで生まれる
Velocity
１秒間に数十件以上の頻度で、データが生まれたり更新されたりする（P20参照）。

出典：野村総合研究所資料より作成

キーワード　データの大きさを表す単位

データの大きさ（容量）を表す単位は下記のように変化する。CD１枚に収められるデータは約700MB。ビッグデータは、数十TB～数PBというレベル。CD約１万4000枚～約140万枚になる。

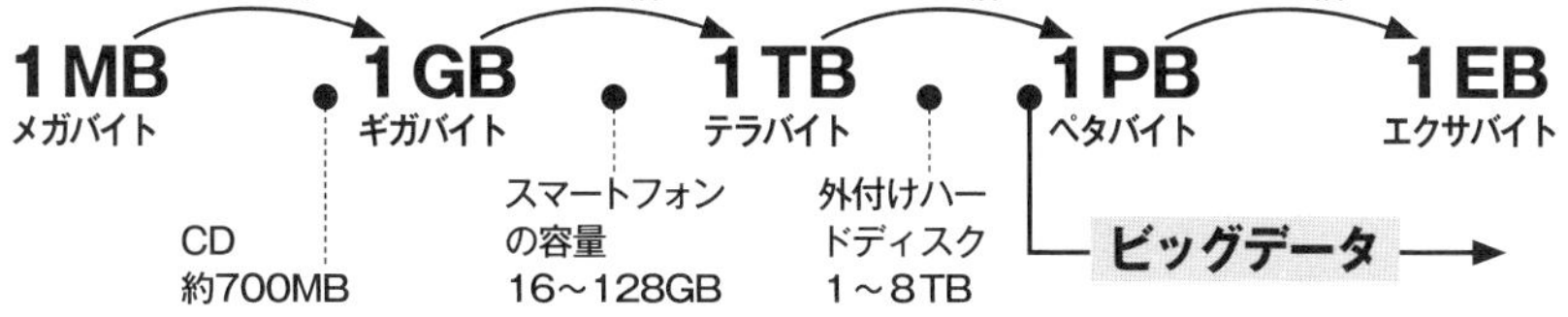

1000倍
1000倍
1000倍
1000倍
1MB
メガバイト
1GB
ギガバイト
1TB
テラバイト
1PB
ペタバイト
1EB
エクサバイト
CD
約700MB
スマートフォンの容量
16～128GB
外付けハードディスク
1～8TB
ビッグデータ

日々の生活の行動や気持ちがデータになる

行動1つひとつがデータ化される

商品選び

検索履歴

検索時に入力した語句や組みあわせのほか、誰がどこでいつ検索したか、その結果どのページを閲覧したかもデータ化される。

サイトの閲覧履歴

オンラインショップのサイトでは、どの商品のページを見たか、そのページをどれくらいの時間見ていたか、何を購入したかなど、すべて記録される。

コードレス掃除機がほしい愛は、インターネットで掃除機の情報を検索し、情報収集することにした。

インターネット上のオンラインショップ*や実際の店舗で買い物をする、スマートフォンでウェブページを閲覧する、ソーシャルメディア（P34参照）に今の気持ちを書き込む、交通系ICカードを使って電車に乗る。現代では、そうした日常の行動が、データとなり蓄積されています。

1人分のデータ量は少なくても、何百万、何千万人分が集まると、ビッグデータになります。このビッグデータを分析することで、今何が起きているのかを知り、今後何が起こるかを予想することができるのです。

＊オンラインショップ：インターネット上で商品やサービスを販売するウェブサイト。ネット店舗。

例えば家電1つ買う場合でも、インターネットで商品を探す時点から購入時、購入後まであらゆる行動がデータ化され、記録されている。

購入

インターネットでほしい商品を決めた愛は、家電量販店で実際の商品を見て、購入することにした。

ポイントカードはありますか

POSデータ

レジでバーコードを読み込み、支払いをした時点で、いつ・どの商品が・いくらで・どこで・いくつ売れたかが記録される。POS（販売時点情報管理、Point of Sale）データという。

ポイントカード

購入金額に応じてポイントがたまる一方で、誰が商品を買ったのかも記録される。

購入後

掃除機がとても使いやすかったので、感想を写真付きでSNSに投稿した。

カシャ

写真・動画・メール

クラウド（P32参照）上に保存したり、SNS（P34参照）に投稿した写真、動画のほか、メールもデータとして蓄積される。

SNSへの投稿

Facebook《フェイスブック》やLINE《ライン》といったSNSに投稿した文章や写真、動画などもビッグデータの1つ。

キーワード ICカード

情報（データ）の記憶や処理ができる小さなIC（集積回路）チップを内蔵したカード。セキュリティが高く、Suica《スイカ》などの乗車券のほか、クレジットカード、運転免許証、ポイントカードなど個人情報を扱うカードで広く使われている。データを読みとる機械に直接触れて使うタイプと、かざすだけでよいタイプがある。

身近なモノに付けられたセンサーから ひっきりなしにデータが発信されている

車やスマホ、ICカードはデータ発信装置

気象

気圧、気温、湿度、風向・風速、降水量、日照時間など。気象観測所などで計測、蓄積している。

住宅

電気使用量や、スマート家電（P62参照）から発信されるデータなど。水道管にセンサーを取り付け、漏水の有無などをチェックすることもある。

車・電車・飛行機

車に付けられたセンサーが走行している時刻や位置、加速度*などをデータ化。電車や飛行機にも各種センサーが設置されている。

ビッグデータの収集は、センサーとインターネットが核となります。センサーとは対象となるモノや現象の変化をとらえ、信号やデータに置きかえる装置のこと。例えばスマートフォンには位置を把握するＧＰＳセンサーなど、数多くのセンサーが搭載されています。

最近注目されているのが、センサーをモノに付け、収集したデータをインターネット経由で集積する「ＩｏＴ《アイオーティー》」です。車や家電、工場の設備や建設機械などあらゆるモノに導入され、収集データ活用で生活を便利にするほか、機器の保守などに役立てられています。

＊加速度：単位時間当たりの速度の変化率のこと。

モノにセンサーが付いたり、ネットワークでつながったりすることで、リアルタイムにデータが発信されている。

Suica《スイカ》などの交通系ICカード

ICカードには、所有者の情報が記録されている。使用ごとに誰が・どこの駅でいつ乗降したか、何を購入したかなどのデータが発生する。

ビルなどの建築物

多くのセンサーが設置されている建築物もある。建物の揺れやひずみ、エレベーターの稼働状況、防犯カメラ画像などがデータ化されている。

スマートフォン

インターネット使用履歴や、SNS（P34参照）への書き込み、メール、写真、動画など。位置情報データも常に発生している。

キーワード

構造化データ・非構造化データ

以前から使われている顧客情報や経理、販売、在庫などのデータは、決められた項目や形式に従って収集されたものである（右表参照）。こうした構造の決まったデータを、構造化データという。それに対して、電子メールやSNSなどで生まれるデータ、画像、動画などは一定の構造に当てはめられないため、非構造化データと呼ばれる。

構造化データの例

売上年月日	商品名	金額	点数
20151010	＊＊	500	2
20151010	○○	350	1

課題を解決したり、近い未来を予測できる

インターネットで何かほしいものの情報を検索すると、その商品の広告がまったく別のウェブサイトを見ている時に表示されることがあります。これは「いつ・誰が・何に」興味を持ったかというデータを集積することで、個人の興味を明らかにし（見える化）、購入する可能性のありそうなものを予測し提案しているのです。

こうした予測は企業には生産数などの判断材料になり、過剰生産といった課題の解決につながります。以前は勘と経験頼みでしたが、データを使えば予測の精度を高めることが可能になります。

データがあればすぐに見える・すぐにわかる

最新式のオフィス用プリンターやコピー機には多くのセンサーが付いていて、メーカーが稼働状況や機器・部品の状態をチェックできるようになっている。

データ収集

プリンター・コピー機

印刷回数・枚数、モノクロかカラーか、エラーの回数、紙づまりの回数、消耗品の使用回数など。

↓

データ分析

メーカー

すぐに状況が把握できる

機器や部品の状態が、リアルタイムでわかる。

今までわからなかったことがわかる（見える化）

過去のデータの分析から、「頻繁に紙づまりが起こると×週間以内に故障する可能性が高い」などの情報が具体的にわかる。

故障後すぐに修理できる

課題の解決

故障で困るのが顧客の業務に支障がでること。データがあれば故障の原因がすぐにわかり、顧客を待たせずに修理ができる。

故障前に対策がとれる

近未来を予測

故障を予測でき、対策がとれる。消耗品がなくなるタイミングも予想でき、タイムリーに補充ができる。

定期的な点検が不要に

最適化（効率化・合理化）

必要な時だけ修理や消耗品補充に行けばよく、時間や人をほかの仕事に当てられる。社内全体の人員配置の見直しもできる。

ビッグデータ活用例

オランダの農業

トマトがよく育つ条件をデータから分析。狭い国土でも世界第2位の農業輸出国に

オランダはビッグデータを活用して農業分野で大きな成長を遂げました。その一例がトマト栽培。ハウスでのトマト栽培では、単位面積当たりで日本のハウス栽培の3倍以上の収穫量を誇ります。

トマトがよく育つ条件をビッグデータから解析し、ICT*を使って成長しやすく、多く収穫できる環境を実現。ハウス内の環境は、離れたオフィスのパソコンで制御します。

ICTを駆使した農業を実現した結果、オランダは小さい国土ながら世界第2位の農業輸出国に成長しました。

オランダは50年で収穫量6倍以上に

トマトの単位面積当たりの収穫量の推移

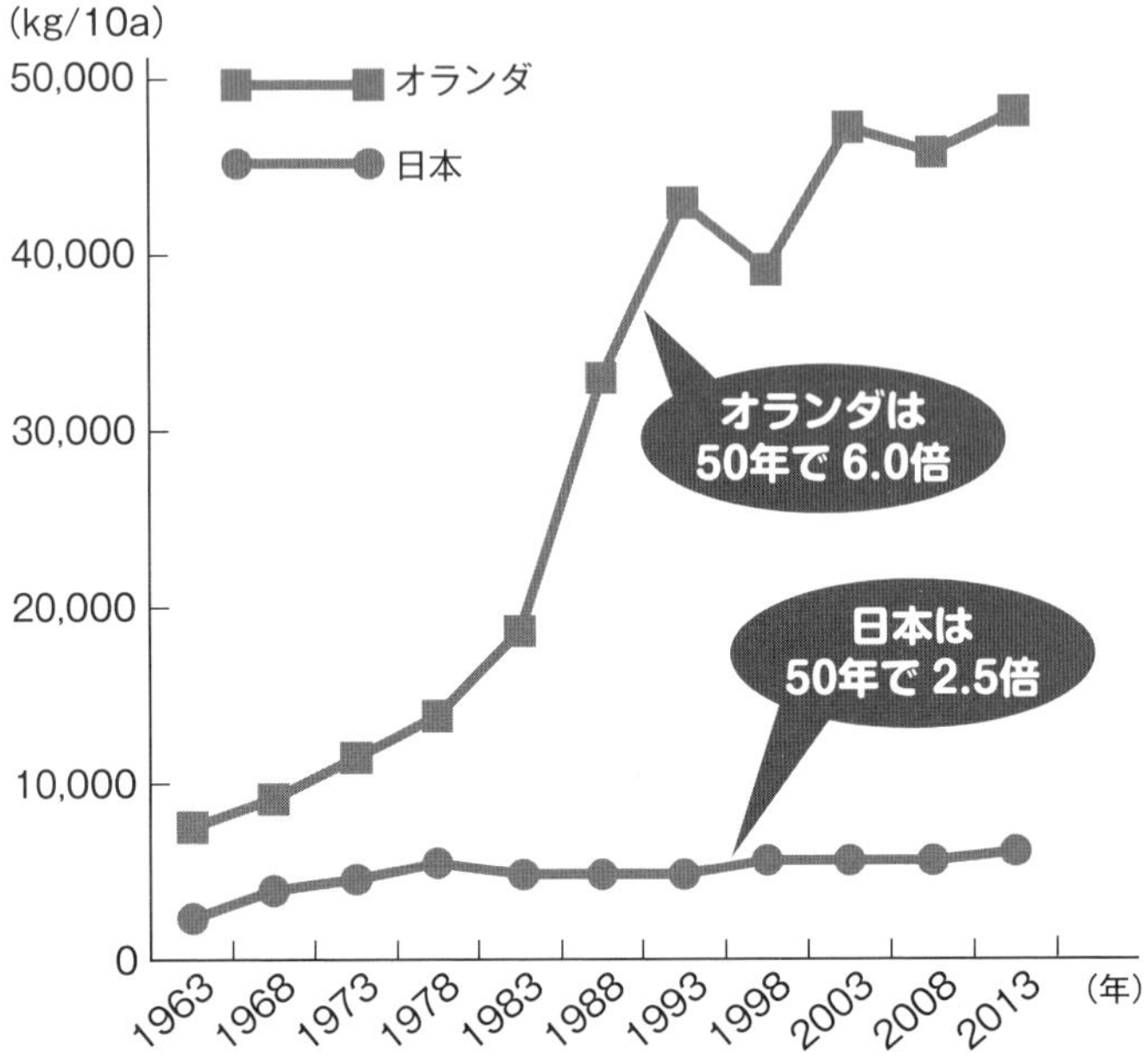

出典：国際連合食糧農業機関（FAO）統計データベース

オランダはグラフの通り、この50年で大きく生産性が向上。ハウス栽培の多いオランダのトマト収穫量（単位面積当たり）は、露地栽培の多い日本の約8倍にもなっている（2013年時点）。

＊ICT(Information and Communication Technology)：パソコンやインターネットなどの情報技術をITと呼ぶのに対し、ネットワークを通じた多様なコミュニケーションを重要視した言葉がICT。国際的にはICTが一般的で、日本でも徐々に移行しつつある。

野菜の生育データ活用で世界第2位に

オランダの課題

野菜生産に向かない国土
オランダの面積は九州とほぼ同じ。農業ライバル国のスペインなどに比べて土地が狭く、かつ気候は冷涼で、野菜の生産には向いていない。

データ収集

生育に関係するデータを収集

光の環境、気温、湿度、生育しやすい温度、炭酸ガス（CO_2）濃度など。

↓

データ分析

野菜の生育に最適な環境を割り出す

見える化
➡P23

↓

環境を最適化
➡P23

野菜の育ちやすい環境を整備

1980年代から野菜生産にコンピュータ技術を導入し、環境を整備した。

光合成しやすい環境
光が入りやすい、軒の高いハウスを開発し、温度や湿度、CO_2濃度をコントロールすることで、植物の成長に必要な光合成がしやすい環境をつくった。

病害を防ぐ環境
土ではなくロックウール（鉱物でつくった繊維）を使って栽培。病虫害を減らした。

成長しやすい環境
果実の成長に必要な糖は、光合成でつくられる。温度の高い部分に糖を集めるという植物の性質を利用して、果実に多く糖が集まるように温度などをコントロール。

多く収穫できる環境
例えばトマトでは、下のほうまで光が入り、土地が狭くても収穫量が増えるよう茎を高く伸ばす栽培方法を採用。収獲にはロボットを利用。

↓

世界第2位の農業輸出国に

課題解決
➡P23

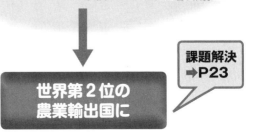

これまでの方法を一変させる新しいビジネスを生み出せる

ある地域で野外イベントがあるとします。その近くのコンビニエンスストアではイベントの時期に〝必ず〟500個以上の唐揚げ弁当が売れるとわかっていれば、商売になると判断し準備するでしょう。その個数を高い精度で予測できるようにするのが、ビッグデータです。

イベントの内容や過去の来客数、年齢層、天気、気温、イベントを楽しみにしている人たちのＳＮＳ（Ｐ34参照）への書き込みなど、関係するさまざまなデータを解析すれば、新入社員でも「唐揚げ弁当500個」というように正確に発注ができます。勘と経験に頼っていた部分をデータに裏付けされた数値に置きかえ、顧客が望むものを明らかにするビッグデータは、ビジネスの方法を一変させる「イノベーション」の力を秘めています。

24ページで紹介したオランダは、狭い国土ゆえに通商国家として常に国際競争にさらされてきました。そのなかで農業をビジネスとしてとらえ、「競争力のある作物を育てられる仕組み」を、データ解析と資本投入で何十年もかけて構築してきました。その結果、ＩＣＴを使って「自然に左右されない農業」というイノベーションを起こしたのです。日本でも、こうした事例に触発され、ビッグデータを用いた農業が始まっています。

キーワード

イノベーション

これまでにない新しい技術の発明やアイデアが、人や組織、社会を大きく変えること。経済学者のシュンペーターが提唱した概念。少しずつゆっくり世の中を変えていくという特徴がある。
例えばデジタルカメラは、特別なものであった写真撮影を日常生活で気軽にできるものに変え、現像を不要にし、街のカメラ屋さんが消えていくという変化を起こした。

ビッグデータ活用例

オランダの農業

自然に左右されずに必要な野菜が生産できる

ドレッシングの新商品の
キャンペーンの時に、
トマトを使いたいなぁ

食品メーカーの
販売促進担当者

●従来の農業（日本の農業）

勘と経験をもとに、自然に左右されながら生産に力を入れる。市場（この場合は食品メーカー）の求めるものに確実に応えられるかはわからない。

自然条件の影響

企画・計画

勘と経験をもとに計画

消費者や流通業者が求める収穫量や時期、品質を、勘と経験をもとに計画する。

生産

納期に間にあうよう努力

気温や日照、天候など、自然条件に左右される。人が手間と時間をかけて生産の作業を担う。

流通・消費

出荷できるもののみ出荷

収穫できたもののうち、出荷できる品質のものを、出荷できる量のみ納入する。時期も確約が難しい。

●オランダの農業

近未来を予測　➡P23

データをもとに生育条件をコントロールできるので、市場が求める農作物を計画的に生産することができる。

自然条件の影響　✕

企画・計画

収穫する量・時期・品質を逆算して決定

消費者や流通業者が必要としている量・時期から逆算して生産計画をたてる。求められている品質のトマトをつくる技術を選ぶ。

生産

計画通りに生産

自然条件に左右されず、計画通りに量・時期・品質をコントロールしながら生産する。

流通・消費

求められた通りの量・時期・品質で出荷

計画通りのタイミングで、必要な量と品質のトマトを出荷、流通させることができる。

どうやって使う?

データを集め、分析し、新しいもの・サービスを生み出す

ビッグデータで価値を生み出す仕組み

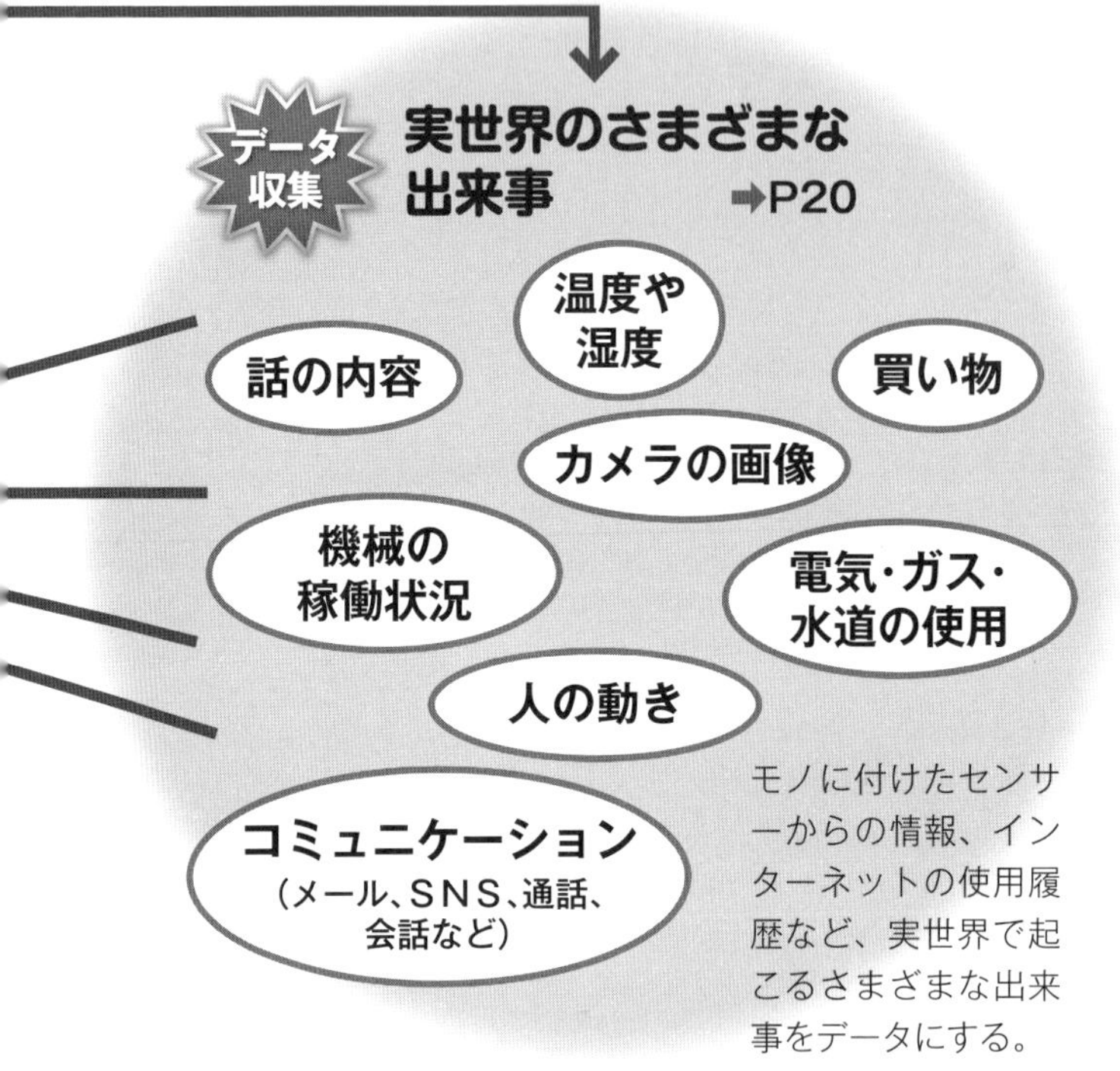

データ収集
実世界のさまざまな出来事
➡P20
温度や湿度
話の内容
買い物
カメラの画像
機械の稼働状況
電気・ガス・水道の使用
人の動き
コミュニケーション（メール、SNS、通話、会話など）

モノに付けたセンサーからの情報、インターネットの使用履歴など、実世界で起こるさまざまな出来事をデータにする。

さまざまなモノがICT化（P24参照）された現代は、「何をどこで買ったか」「何をSNSに書き込んだか」「どの駅で乗り降りしたか」など、日々の行動がデータとなって集積します。

これらのデータはプライバシーに配慮されながら利用履歴として集められます。ビッグデータのもとは1人ひとりのデータですが、何百万人分ものデータを集め、これを解析することで市場の動向や消費者の欲求が見えるようになります。それに応えることが、新商品やサービス開発の成功に結び付くのです。

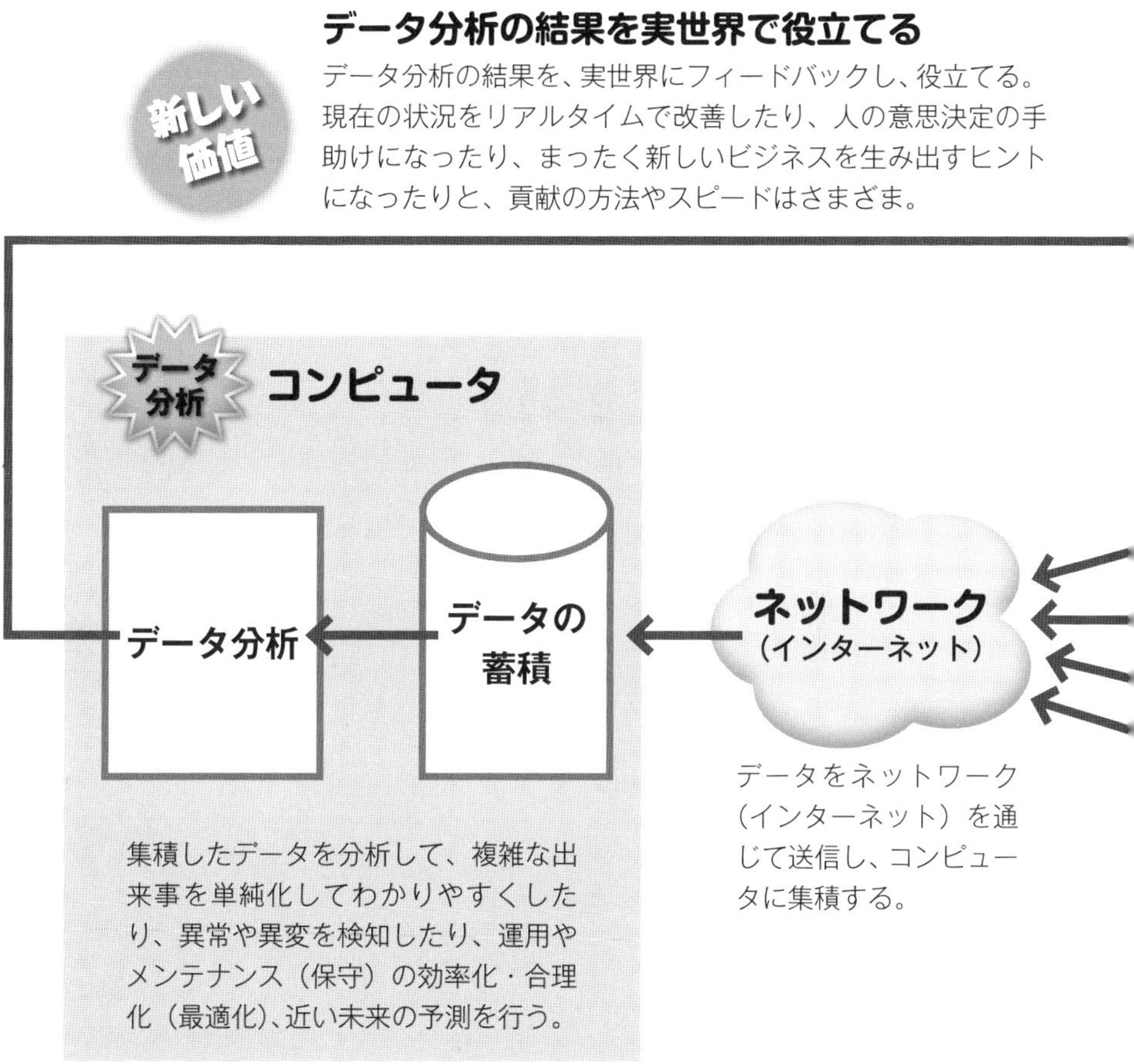
データ分析の結果を実世界で役立てる
新しい価値
データ分析の結果を、実世界にフィードバックし、役立てる。現在の状況をリアルタイムで改善したり、人の意思決定の手助けになったり、まったく新しいビジネスを生み出すヒントになったりと、貢献の方法やスピードはさまざま。
データ分析
コンピュータ
データ分析
データの蓄積
ネットワーク（インターネット）
データをネットワーク（インターネット）を通じて送信し、コンピュータに集積する。
集積したデータを分析して、複雑な出来事を単純化してわかりやすくしたり、異常や異変を検知したり、運用やメンテナンス（保守）の効率化・合理化（最適化）、近い未来の予測を行う。

政府もビッグデータ活用に本腰を入れ始めた

ＩＣＴ化は、電気やガス、水道、交通などの社会インフラ、物流や建設機械、工場などの産業分野に浸透し、データ集積につながっています。日本政府もビッグデータの活用に力を入れ始めています。

２０１５年６月には政府のＩＴ（情報技術）戦略「世界最先端ＩＴ国家創造宣言」の改訂版を公表。２０２０年までのＩＴ政策の基本方針が示されました。

このなかで、ビッグデータは経済成長をもたらす新たな資源とされています。多分野にわたってデータを得ることで変革がスピードアップし、産業や社会にイノベーションを起こすものとして期待されているのです。

コンピュータの発達が、大量のデータを安く、簡単に扱えるようにした

21世紀以降、環境が大きく変化

1942年
世界初のコンピュータ登場

第1の流れ **データがデジタルに、コンピュータが高速化**

例えば経理の事務をパソコンのソフトで行って効率化したように、データをデジタルで保存、コンピュータで処理するように。

第2の流れ **インターネットが発展**

1969年
インターネットの原型ができる

インターネットを基盤としたメール、ウェブ、ソーシャルメディアなどの登場で、コミュニケーションや情報収集の方法が発展した。

第3の流れ **"考える"コンピュータの活躍**

データを収集・蓄積して分析したものを人が活用するだけでなく、コンピュータがあたかも自分で考えているかのように動き始めた。

2001年 ビッグデータの定義

情報通信技術（ICT、P24参照）は、大きく分けて3つの流れで進化してきている。

　コンピュータやインターネットの登場で情報通信の手段は急速に発達し、社会の仕組みや人々の生活様式を大きく変えています。この「情報革命」ともいえる過程で生まれる情報は、3つの流れを経てビッグデータに結ばれています。

　第1の流れはコンピュータによる情報のデジタル化と高速処理です。文書や音声、画像といった情報をデジタル化する機器やサービスが開発され、データとして保存・処理する技術が進化しました。

　第2の流れは、インターネットを通じて情報共有が容易にできるようになったことです。インター

データ量やコンピュータの性能・価格が2000年代に入って大きく変化

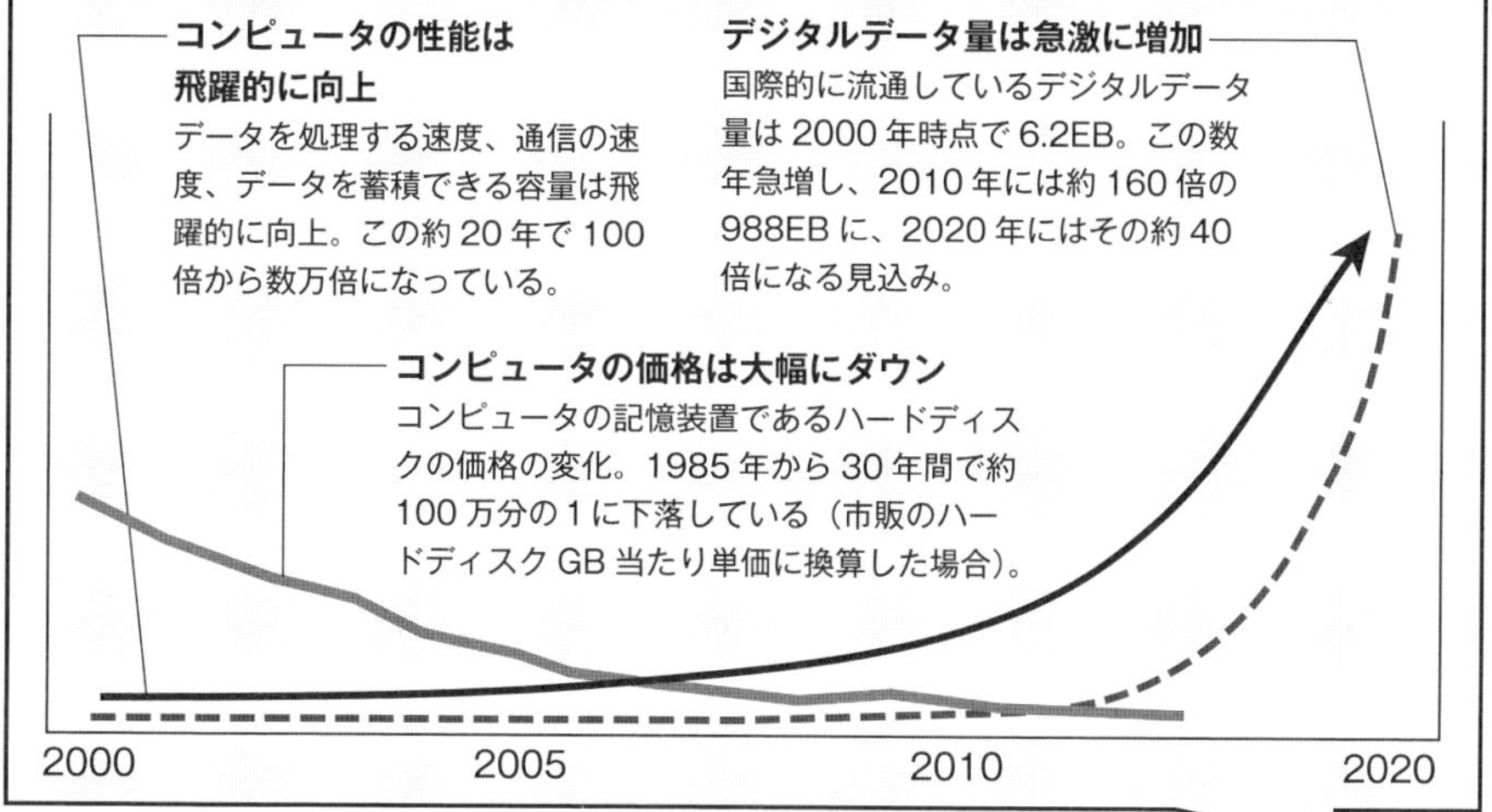

出典：総務省「情報通信白書」平成26年版、平成27年版を参考に作成

キーワード　ハドゥープ（Hadoop）

データを複数台のサーバー（ほかのコンピュータにプログラムやデータなどを提供するコンピュータ）に分けて高速で処理する技術。2004年にグーグルが発表した論文をベースに開発され、これまでは難しかったＰＢ《ペタバイト》級の非構造化データ（P21参照）の超高速処理が可能になった。

ネットは世界中の情報にアクセスできる環境や電子メールなどの新しい情報伝達方法を生み出し、あらゆる分野のコミュニケーション方法を一変させました。また、やりとりされる情報はデータとして集積できるようになりました。

21世紀以降の技術の発展がビッグデータ活用を促進

21世紀に入り、ＩＣＴは飛躍的に発展しました。コンピュータの性能は大幅に向上し、情報を集めるためのセンサーの価格は大きく低下。そして、大量データを超高速で処理できる「ハドゥープ」（キーワード参照）が登場したことで、大量の情報を低コストで集積・分析できるようになりました。これが、第3の流れであるビッグデータ時代の始まりです。

「クラウド」の登場でビッグデータを安く・すぐに活用できるように

システムは「所有」ではなく「利用」する時代に

これまで　社内でシステムを所有する

社内のシステムに必要なものをすべて自社で準備し、運用・管理する（オンプレミス）。利用開始までに時間がかかり、コストも高い。

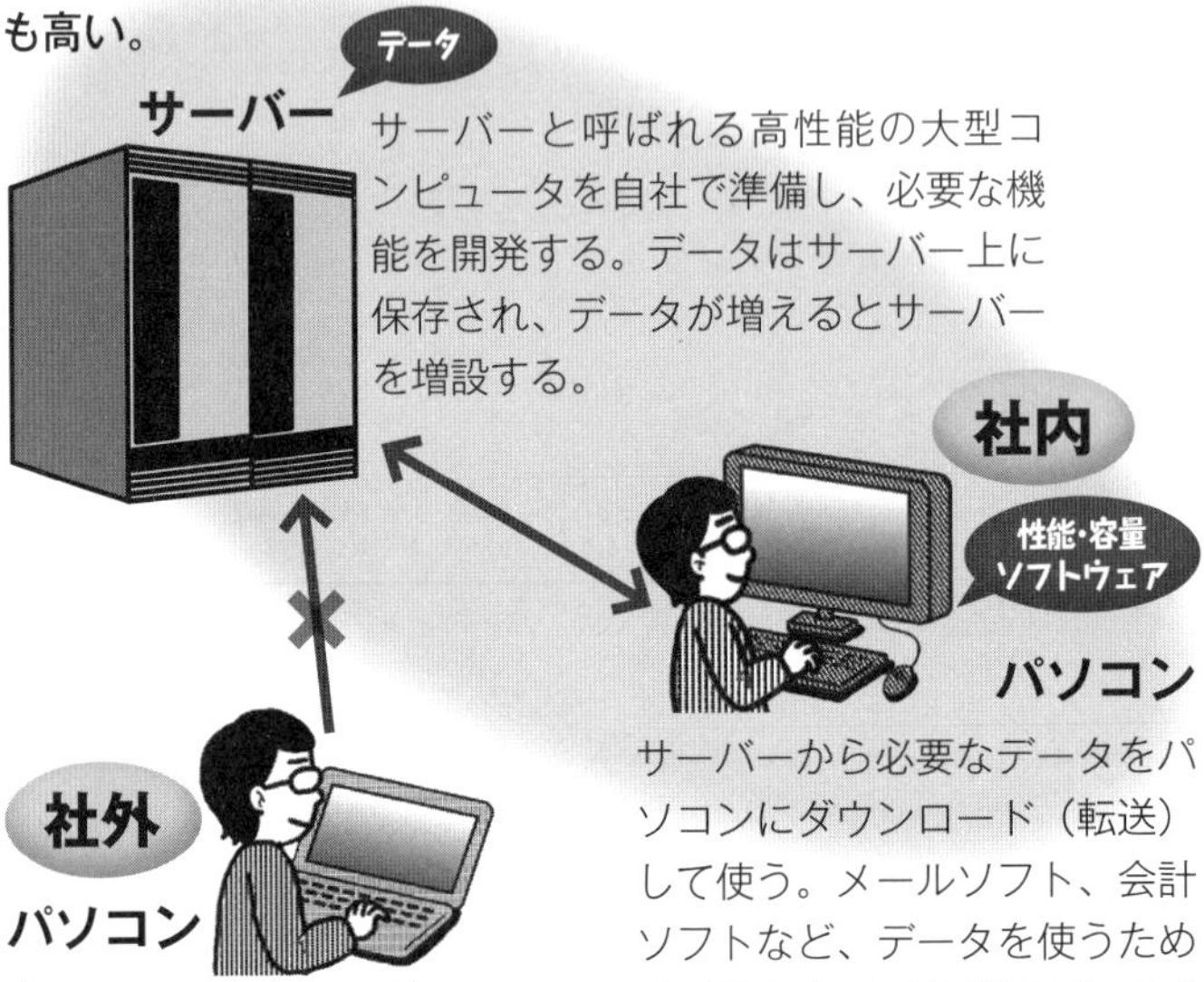
データ
サーバー
社内
性能・容量
ソフトウェア
パソコン
社外
パソコン

サーバーと呼ばれる高性能の大型コンピュータを自社で準備し、必要な機能を開発する。データはサーバー上に保存され、データが増えるとサーバーを増設する。

サーバーから必要なデータをパソコンにダウンロード（転送）して使う。メールソフト、会計ソフトなど、データを使うためのソフトウェアをパソコンにインストール（導入）する必要があり、パソコン自体が高性能・高容量でなければいけない。

専用のソフトウェアがインストールされていないパソコンからは、社内のシステムを利用できない。

従来、データを集積・活用するために、企業は独自のシステムを設計し、付随する機器と専門のスタッフをそろえて運用していました。開発には時間がかかり、運用コストも割高でした。

しかし、ICTの進化とともにデータ集積・活用のためのコストは格段に低くなりました（P30参照）。さらに自社でシステムを構築しなくても、インターネット経由でさまざまなサービスを受けられる「クラウド（コンピューティング）」が登場。システムを所有せず、サービスとして利用することで、より低コストでビッグデータを

クラウド(コンピューティング) **システムを所有せず利用する**

インターネット上のサーバーに、ソフトウェアやデータを保存する場所が準備されている。インターネット経由で必要に応じてアクセスし、利用する。

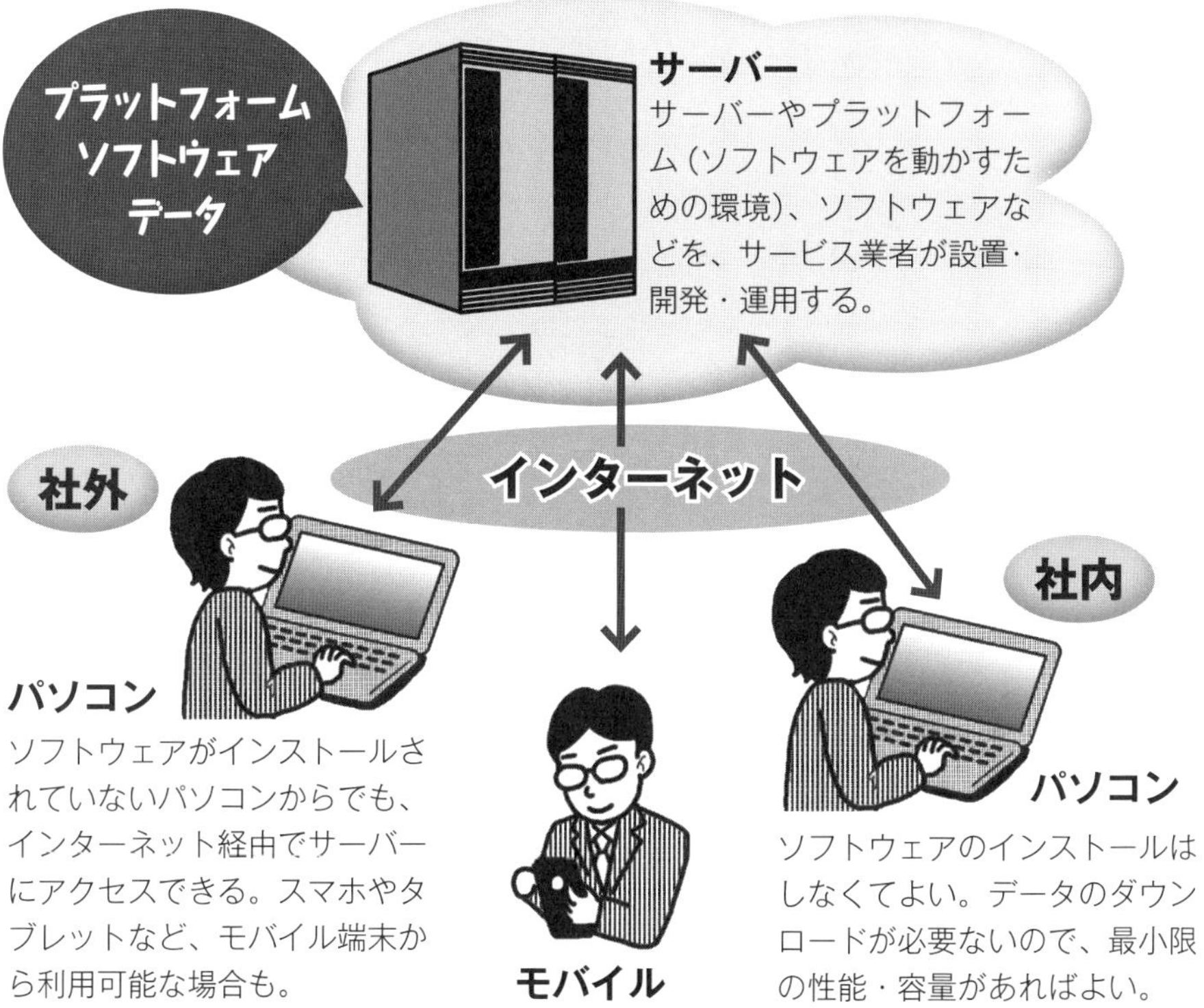

利用できるようになっています。

さらに、クラウドの利用でシステムの保守・運用よりもデータ活用に人材を厚く配置できるように。ビッグデータ活用でより多くの価値を生み出すために、クラウドは欠かせない基盤の1つなのです。

キーワード **SaaS《サース》、PaaS《パース》、IaaS《イアース》**

クラウドサービスのタイプ。必要に応じて提供されているソフトウェアや収納したデータを利用するSaaS、アプリケーションソフト(P56参照)は利用者が開発し、アプリケーションを使うのに必要なサーバーやソフトウェアを利用するPaaS、サーバーやネットワークなどのハードウエア基盤を利用するIaaSの３つがある。

キーワード

ソーシャルメディア、SNS

インターネット上で情報を発信し、交流する

インターネットの普及に伴い、誰でも気軽に情報を発信できる時代になりました。インターネット上で利用者が情報を発信し、形成していくメディアは「ソーシャルメディア」と呼ばれ、ブログやフェイスブック、ツイッターなど、さまざまなものがあります（下表参照）。

なかでも、趣味嗜好、居住地域、出身校など何かしらのつながりのある人どうしが、インターネット上でコミュニケーションするための場をＳＮＳ（ソーシャルネットワーキングサービス）といいます。２０００年台前半から広まり始めたサービスですが、今やフェイスブックの利用者だけでも中国の全人口を上回り、〝仮想国家〟ともいえる規模です。

ビッグデータの視点で見ると、ＳＮＳは個人に関するデータの宝庫です。その時々に書き込まれる気持ちや出来事、訪れた場所、出身校、居住地、人間関係など、個人のあらゆる属性や活動がデータ化されています。企業にとってこのデータは、ターゲットを絞った広告活動（Ｐ36参照）をはじめ、マーケティングのための重要な情報源になっています。

主なソーシャルメディア

（2015年11月現在）

ブログ	日記のように時系列で記入していくサイト。
Facebook《フェイスブック》	世界で 15 億人以上が利用する SNS。
mixi《ミクシィ》	日本発の SNS。
Google＋《グーグルプラス》	Google（P38 参照）が運営する SNS。
Twitter《ツイッター》	140 字以内の短文（ツイート、つぶやき）投稿を共有する。
GREE《グリー》、Mobage《モバゲー》	ゲーム上で対戦・協力しながら交流する SNS。
LINE《ライン》	無料のメール、通話がメインの SNS。
YouTube《ユーチューブ》、ニコニコ動画	動画を投稿し、共有するサイト。

第2章

Googleはなぜ無料でサービスを提供できるのか

データの蓄積・分析が売上を伸ばす

BIG DATA

「みんなにオススメ」ではなく「あなただけにオススメ」ができる

ものをつくったり売ったりする時、誰がどんなものを必要としているか事前に市場調査を行い、ターゲットを絞ります。そのうえで、商品を企画・生産し、広告などで情報を提供し、販売します。

魚釣りにたとえると、広い海で釣りたい魚がいる場所を想定し、エサを投げ入れることです。

ビッグデータの登場によって、その想定方法が変わってきています。データ分析で誰が何を必要としているかが的確にわかるとともに、よりピンポイントで消費者に情報を届けられるようになっているのです。

特定の人にタイムリーに情報を届けられる

これまで　不特定多数の人に大々的に広告を出す

マスメディアを利用した広告は、商品を必要としている人にタイミングよく情報を届けられるのかわからない。費用も高い。

テレビや雑誌、チラシなどの広告は商品情報を広く知らせる効果がある。

ビッグデータを活用すると　商品に今興味を持っている人をねらって情報を提供できる

性別、年代、興味などにあった広告・オススメ

インターネットで検索した語句や性別、年代、興味のあることなどをもとに、今まさに興味を持っている情報に関連する広告やオススメ商品を表示できる。費用も比較的安い。

口コミ情報

インターネット上に投稿された商品の評価や、SNS（P34参照）で見た身近な人からのオススメ情報などが商品購入につながる。企業が意図的に口コミを広めることも（バイラルマーケティング）。

ビッグデータ活用例

グーグルの広告戦略

今ほしいもの、関心があるものを検索した語句から推測する

インターネットの利用に欠かせない検索サイトのなかで、全世界でナンバーワンのシェアを誇るのがグーグルです。グーグルはこの「検索」を武器に広告の新しいビジネスモデルを生み出しています。

代表的なのが検索連動型広告「アドワーズ」です。例えば「引っ越し見積もり」と検索ボックスに入力すると、求めている情報が表示されると同時に、引っ越しに関する広告も表示されます。商品やサービスを求めている人に、最適な広告がタイミングよく表示されるというわけです。

グーグルは売上高660億ドル（２０１４年度）の約9割を広告事業から得ています。広告掲載費用は広告がクリックされた時に支払われるため、データを集めて広告の精度を高めることが売上増加に直結します。そこで、グーグルは検索のほかにクラウド（P32参照）を利用したメール（Gメール）や、動画共有（ユーチューブ）、地図などさまざまなサービスを原則無料で提供。膨大なユーザーの利用状況から、どの広告が最適かなどを判断して、広告を表示しているのです。

さらに、グーグルは人工知能（P74参照）や自動運転車（P124参照）の開発など、ビッグデータを利用して、ビジネスを拡大しています。

さらに進化

検索したらすぐに購入できる「グーグルで買う」ボタン

グーグルがモバイルショッピングに力を入れ始めている。その一例が「グーグルで買う」ボタン。モバイル端末で検索した商品を、ボタンをタップするだけで購入できる機能で、2015年11月現在テスト中である。利用者にとっては便利な、広告主である店舗には売上増を望める新しい広告機能として注目を集めている。

●グーグル（Google）のホームページ（日本）：http://www.google.co.jp/

検索した語句に関連した広告を表示する

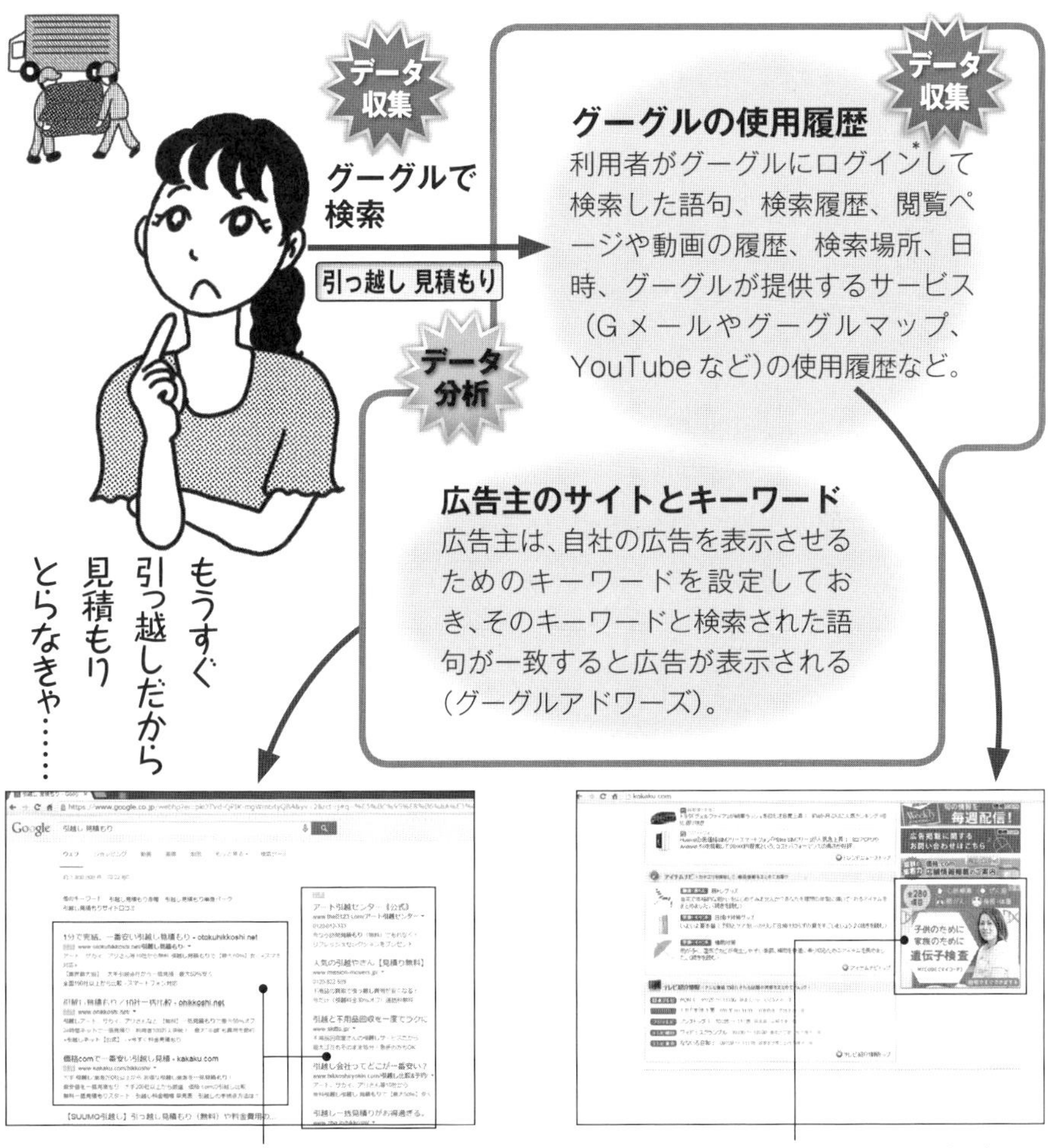
データ収集
グーグルで検索
引っ越し 見積もり
もうすぐ引っ越しだから見積もりとらなきゃ……
データ収集
グーグルの使用履歴
利用者がグーグルにログイン*して検索した語句、検索履歴、閲覧ページや動画の履歴、検索場所、日時、グーグルが提供するサービス（Gメールやグーグルマップ、YouTubeなど）の使用履歴など。
データ分析
広告主のサイトとキーワード
広告主は、自社の広告を表示させるためのキーワードを設定しておき、そのキーワードと検索された語句が一致すると広告が表示される（グーグルアドワーズ）。
Google
引越し 見積もり
1分で完結。一番安い引越し見積もり - otokuhikkoshi.net
引越し見積もり / 10社一括比較 - ohikkoshi.net
価格.comで一番安い引越し見積 - kakaku.com
アート引越センター（公式）
人気の引越やさん【見積り無料】
引越と不用品回収を一度でラクに
引越し会社ってどこが一番安い？
引越し一括見積りがお得過ぎる。
毎週配信！
子供のために家族のために遺伝子検査

検索した語句に関連する広告を表示（検索連動型広告）

利用者が興味や関心を持っているタイミングで、広告を表示できる。表示する時間帯や「お店の場所から半径1km以内」のように地域を限定して広告を表示することもできる。

以前サイトを見た人に広告をくり返し表示（リマーケティング機能）

以前サイトAを表示した人が別のサイトを見ている時に、サイトAの広告を表示する。サイトAの商品を見たが購入しなかった人が、再度サイトに戻って購入する可能性がある。

＊ログイン：登録しておいたIDとパスワードを入力することで、本人かどうかを確認する仕組み。

ビッグデータ
活用例

アマゾンのオススメ戦略

「この商品を買った人はこんな商品も買っています」で人気商品以外も売れる

オンラインショップの世界で1人勝ちともいえるアマゾン。もともと出版物を扱うオンライン書店でしたが、今や家電や食品など多様な商品を扱う世界最大級のネット通販サイトです。

アマゾンを劇的な成長に導いた仕組みの1つに「オススメ商品」を紹介する機能があります。

これは、集積した顧客のさまざまなデータを解析することで、似たような嗜好の人が購入した商品をすすめるというもの。これにより、人気商品以外にまで消費者の目を届かせ、購買意欲を刺激したのです。

買い物や行動の履歴がオススメの材料に

データ収集 **利用者の購買・行動履歴**

何を買ったか？
いつ、いくつ、何回、どれくらいの間をあけて買ったか、何と一緒に買ったかなどのデータを、利用者ごとに収集する。

買うまでの行動は？
何を検索したか、どの商品のページを見たか、見たけれど買わなかった商品は何か、ほしいもののリストに入っているものは何か、どのページをどれくらいの時間閲覧したかなどのデータを収集する。

↓

データ分析 **購買パターンを割り出す**

Aを買った人は、BとCと迷って購入。
Aを買った人は、Dも買っている。

↓

オススメする **オススメ商品を表示する**

この商品を買った人はこんな商品も買っています
よく一緒に購入されている商品
この商品を見た後に買っているのは？

商品購入履歴やサイトの閲覧履歴などを利用者ごとに収集・分析して買い方のパターンを割り出し、オススメ商品を表示する（レコメンデーション）。

●アマゾン（Amazon）公式サイト（日本）：http://www.amazon.co.jp/

人気商品以外の売上が増加

オンラインショップでは人気商品以外の商品も低コストで取り扱いができ、品ぞろえを増やして売上を伸ばすことができる。アマゾンは個人の好みやニーズにあわせたオススメ商品を表示することで、人気商品以外の売上を底上げした。

好みとあわない商品がオススメされることもあるが、思いがけない魅力的な商品に出会えることも。

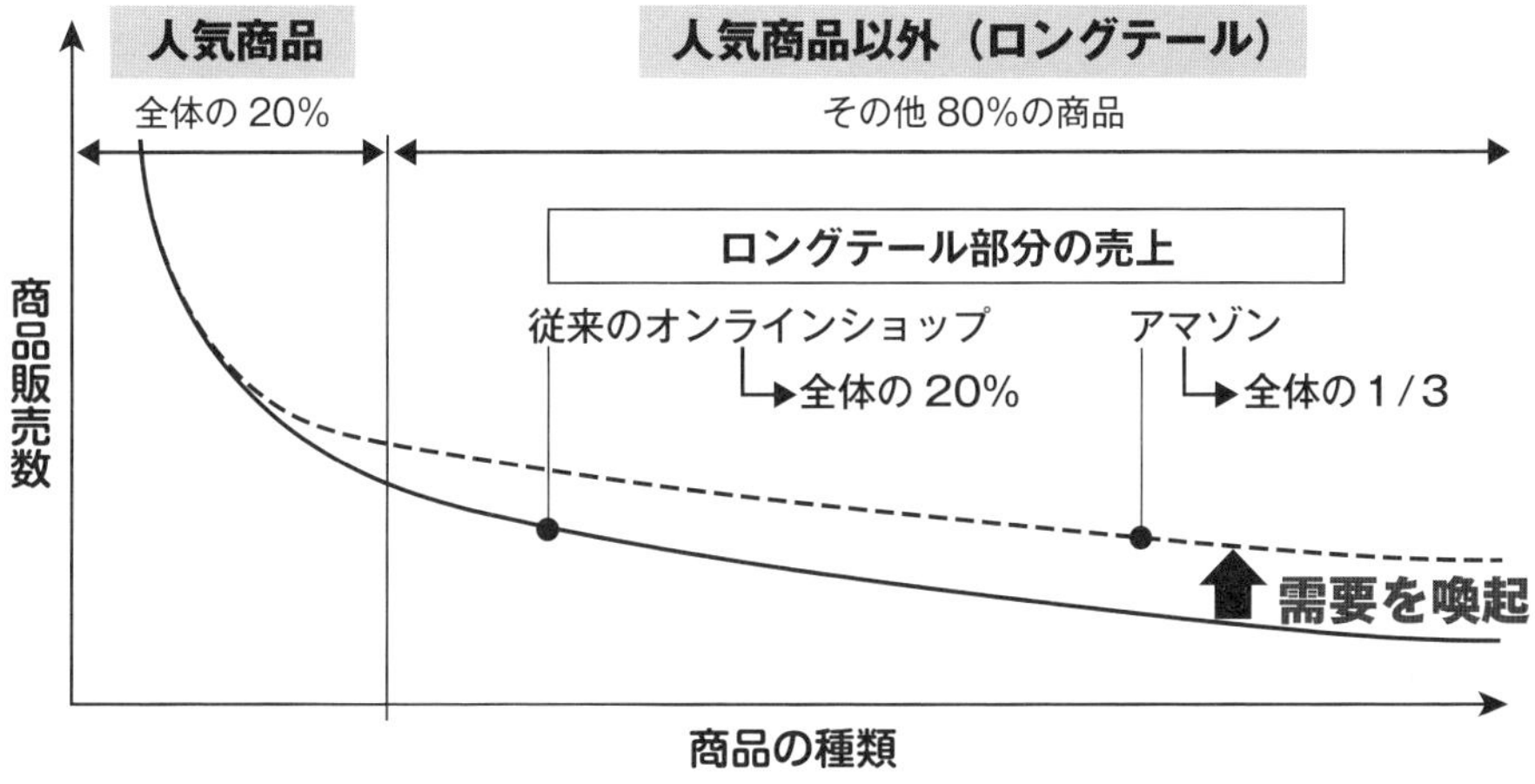

オンラインショップの商品の種類と販売数をグラフにすると、人気商品以外の商品の部分が恐竜の尻尾のような形になる。ロングテールと呼ばれる。

さらに進化 注文前に近くまで届けておく特許を取得

顧客データを分析すれば、次に何をいつ買うかが予測ができる。アマゾンは、注文前に商品を届け先に近い拠点まで運んでおき、注文後すぐに届ける特許を取得。リアル店舗のように、ほしい時にすぐ商品が手に入る環境を整えつつある。

また、アマゾンは膨大なデータを管理・処理するために自社で構築したシステムを、他社に貸し出すクラウドサービス（P32参照）を展開。クラウド市場で圧倒的なシェアを占め、ビッグデータ活用のインフラ企業という顔も持っています。

ビッグデータ活用例

日本最大のレシピサイト・クックパッド

夏は「アボカド どんぶり」の検索が増加。店頭に材料を集めて売上アップ

レシピの検索が売り場づくりのヒントに

データ収集　材料ややりたいことでレシピ検索

利用者は使いたい材料やキーワード（リメイク、簡単、大量、ひな祭、昼ごはんなど）でクックパッドのレシピを検索。検索語や組みあわせはデータとして収集される。

データ分析　夏に「どんぶり」検索増加

季節別・「アボカド」と検索された語句

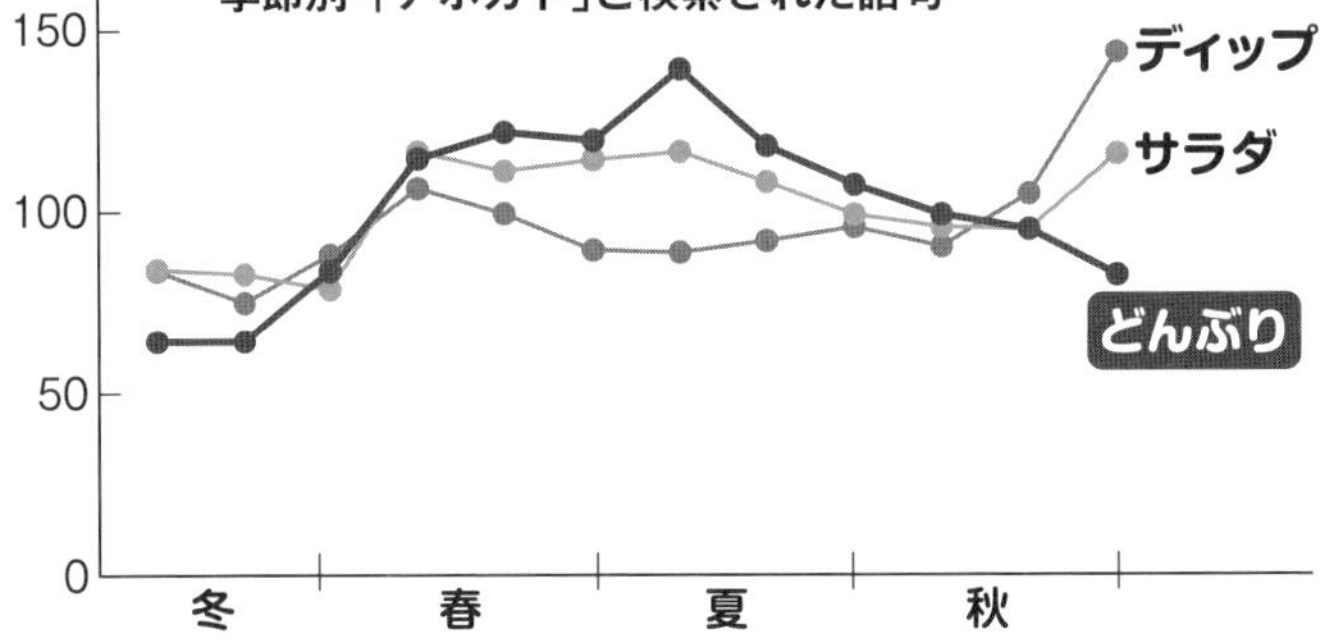

時系列で「アボカド」と一緒に検索された語句を調べたところ、夏にはサラダやディップではなく「どんぶり」が増加していた。

出典：宣伝会議「販促会議」2014年6月号より作成

献立に困った時、手持ちの食材を入力するだけで200万を超えるレシピから検索できるクックパッドは、20〜40代の女性を中心に月間のべ5500万人以上に利用されている人気サイトです。*1

サイトの基本は、投稿されたオリジナルレシピを料理する人が検索して参照するというもの。例えば「アボカド　どんぶり」と入力するとアボカドを使った丼もののレシピがズラリと表示されます。調理した人が「つくれぽ」*2という写真付きレポートを投稿することで、コミュニケーションの場になることも人気の理由です。

●クックパッドのホームページ：http://cookpad.com
＊1 2015年9月時点。　＊2「つくれぽ」とは「つくりましたフォトレポート」の略。

おうちカフェ風
アボカドレシピ
キャンペーンを実施

クックパッドの検索の傾向をもとに、スーパーマーケット「ライフ」で、2013年7月にアボカドを使った丼もののキャンペーンを実施した。

●タイアップページの作成

クックパッドのサイトに、アボカド丼のレシピを集めたタイアップページを作成した（右写真）。

●チラシ配布

アボカドに加え、タイアップページに紹介したレシピの材料（豚肉、サーモン、しょうゆなど）の特売チラシを作成し配布した。

●売り場を展開

スーパー店頭で、アボカド丼の材料を集めた売り場をつくった。

アボカド販売前週比170％以上

アボカド丼の材料も売上アップ

キャンペーン期間中、アボカドだけでなく、丼の食材、調味料の売上目標も達成した。

検索語の分析で食のトレンドがわかる

クックパッドで検索された語句は情報の宝庫です。それを小売業や食品メーカーなどに提供するのが「たべみる」です。検索語をいろいろな切り口で分析すると、生活者のニーズが鮮明になります。

スーパーマーケットチェーンのライフコーポレーションは、夏に「アボカド」と「どんぶり」という語句が多く検索されているというたべみるの分析結果に着目。暑いキッチンに立ちたくない主婦は丼を好むという仮説で、アボカドと丼のコラボ料理を提案し、「おうちカフェ風アボカドレシピ」というキャンペーンを展開しました。その結果、前週比170％以上の売上増を達成しました。

お客様が本当にほしいものをデータが教えてくれる

「絶対にヒットする！」と確信を持って市場に投入したものが、思ったほど売れないことがあります。企業はそんなリスクを避けるため、いろいろな市場調査を試み、これまでつちかった勘と経験に照らしあわせて、意思決定をしてきました。

　しかし、そんなものづくりの仕組みは、ビッグデータによって大きく変わり始めています。

　消費者が「本当にほしい」モノやサービスについて、従来のアンケート調査や顧客の声というマーケティングだけでは、どうしても〝本音〟が抽出できませんでした。

より客観的で正確な調査・分析が可能に

これまで 客観的な情報がわかりにくい

POSデータ ➡P19

商品がいつ、いくらで、どこで、いくつ売れたかという情報が、商品が売れたタイミングで記録される。

欠点 誰が購入したかまではわからない。

コンビニではレジで客の年代や性別を予想して入力するが、正確とはいえない。

アンケート・インタビュー

インターネットを使ったアンケートや、新商品のターゲットにしたい人に集まってもらって行うインタビューなどで、商品やサービスの感想や希望などを調査する。

欠点

本音を聞くことができているかわからない。多くのデータを集めることが難しい。

お客様の声

コールセンターやハガキなどで集まった問いあわせや苦情、感想などを商品開発や改良に役立てる。

欠点 声やハガキはデータ化されておらず、分析が難しかった。

ビッグデータを活用すると 誰が・何を・何回買って どう感じたかが簡単にわかる

買った人の情報も正確に・客観的にわかる

商品を購入すると価格に応じてポイントがもらえるポイントサービスや、交通機関や買い物で使える IC カード・電子マネーは、前もって名前や性別、生年月日などを登録して利用する。支払い時に使うと、誰が・何を・何回買ったかが自動的に蓄積される。

例
ポイントサービス(Ponta、Tポイントなど)
交通系ICカード(Suica、PASMO、ICOCA、PiTaPa、TOICAなど)
電子マネー(交通系ICカード、楽天Edy、nanacoなど)

率直な感想がわかる

インターネット上に個人が自由に書き込む商品の感想は、インタビューやアンケートといった特殊な環境ではないため、率直な内容であることが多い。商品やサービスのレビューをやりとりする口コミサイトも多数ある。

例
SNS(フェイスブックなど)
口コミサイト(価格.com、@cosme、食べログなど)
オンラインショップのレビュー(アマゾン、楽天市場など)

さらに進化

お客様の声もデータ化して活用

アンケート結果や、電話などで寄せられた問いあわせの内容などのお客様の声も、文字(テキスト)データで保存・収集することで、分析して活用できるようになってきている。

データから消費者の行動パターンや嗜好、心の動きなどがわかるようになり、商品のターゲットとする層の分析に役立っている。

これに対し、ビッグデータのもととなるポイントカードやSNS（P34参照）などからは、年齢や性別、居住地域などが得られます。また、購買履歴や検索履歴など、さまざまなデータを集積しているため、データを組みあわせるアイデア次第で、行動や嗜好などを精度高く推定できるのです。

ビッグデータ活用例

エキナカ自動販売機

落ちないキャップのペットボトルはＳｕｉｃａのデータから生まれた

定番商品は競合が多く、ちょっとしたアイデアが決定的な差となり、売上アップに貢献することがあります。その事例に、ＪＲ東日本ウォータービジネスの「落ちないキャップのペットボトル」があります。

同社が展開する駅構内（エキナカ）に設置した自動販売機には、Ｓｕｉｃａ《スイカ》をはじめとする交通系ＩＣカード（Ｐ21参照）で飲料を購入できる決済端末が付いています。同社ではミネラルウォーター「フロムアクア」リニューアルの際、エキナカ自動販売機で交通系ＩＣカードを利用した時に得られるＰＯＳ（販売時点情報管理）データ（Ｐ19参照）を分析。その結果、フロムアクアは東京23区外で朝の時間帯に特に多く買われていることがわかりました。

そこから「東京郊外から都心に通勤する人が購入」という仮説を立て、商品コンセプトを「持ち歩きたくなる水」に。仮説の裏付けをとるために行った調査で約7割の人が「ペットボトルのキャップを落とした経験あり」と回答したことから、落ちないキャップを採用しました。

ビッグデータで解析した仮説を商品開発に活かすことで、新しいフロムアクアの乗車前購入率は大きく向上しました。

さらに進化

前に立つだけでオススメ商品が現れる次世代自動販売機

JR東日本の駅構内に設置されたタッチ式大型ディスプレイの付いた自販機は、前に人がいない時は気温や時間帯などを判断して広告などのコンテンツを表示。前に人が立つと従来の自販機のような販売中の飲料の画像が表示される。さらに目の前に立った人の年代と性別をセンサーが判断。オススメ商品も表示される。

買う場所・飲む場面がデータからわかった

データ収集

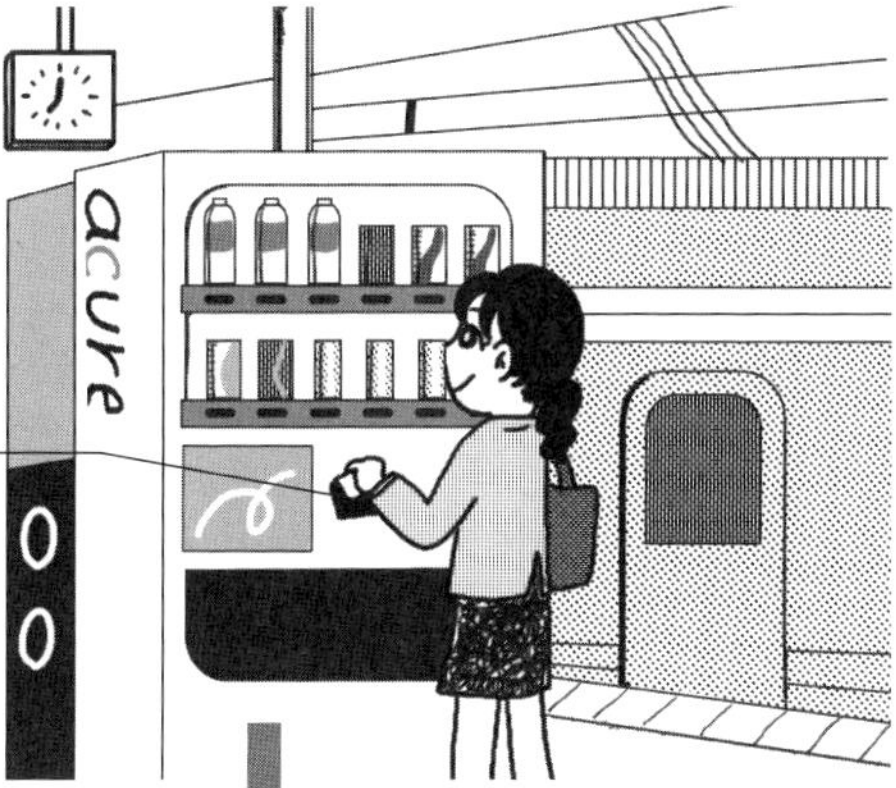

**電子マネーから
単品別販売時間など
POSデータを収集**

エキナカ自動販売機約 8000 台に搭載した Suica 決済端末から、単品別販売時間、購買履歴、購買者の属性などの自販機 POS データを取得。

データ分析

自販機POSデータ

乗車前に購入

郊外（23 区外）に住むビジネスマン・OL の購買行動を居住エリア、購買エリア、時間帯売上で分析。乗車前に飲料を購入していることがわかった。

23区外居住者における時間帯別購買数量

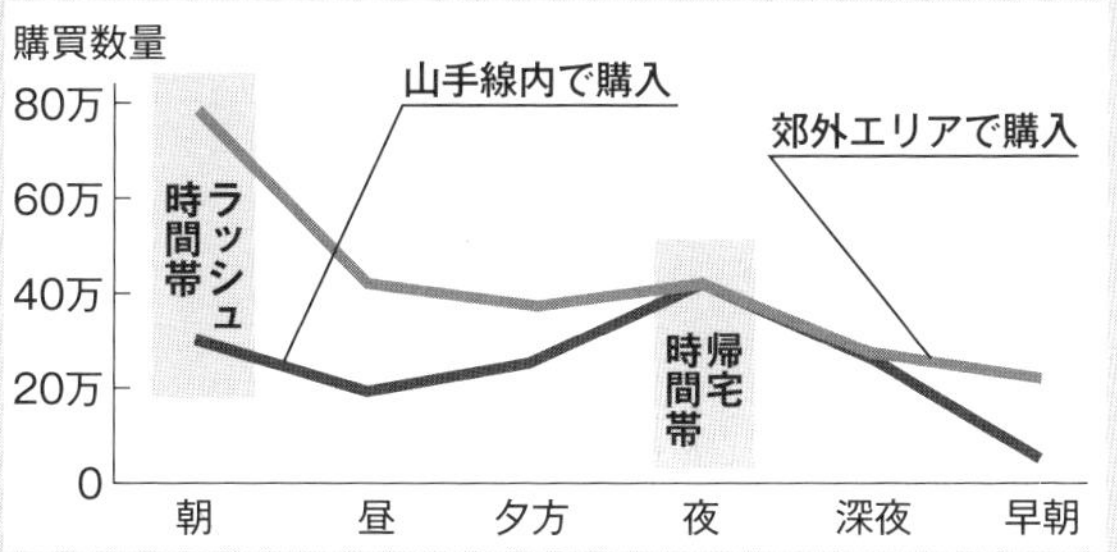

出典：JR東日本ウォータービジネス発表資料（Suica ポイントクラブ会員2011年1～12月データ）

インターネット調査

70%が移動中にキャップを落とした経験あり

ミネラルウォーターは乗車前に買って移動中に飲むこと、ペットボトルのキャップを落とした経験のある人も多いことが判明。

持ち歩きたくなる水とは？

落ちないキャップのミネラルウォーターの誕生

写真提供：株式会社JR東日本ウォータービジネス

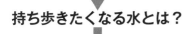

ビッグデータ活用例

リピーターがどんどん増加。半年で1000万本販売の大ヒットに

ローソンのグリーンスムージー

コンビニエンスストアでは、店員が顧客情報をレジで入力し、販売促進に利用していましたが、その情報は大まかなものでした。現在は、ポイントカードや電子マネーを利用することで、カード申込時に登録された情報をもとに「誰が、どこで、何回買ったか」などまで管理。一品一品の販売状況を把握することで、売れ筋商品をつくり出せるようになりました。

このデータを利用して、約半年で１０００万本販売という「グリーンスムージー」の大ヒットを生み出したのが、ローソンです。その決め手は会員数７２６１万人[*1]を超える共通ポイントプログラム「Ｐｏｎｔａ《ポンタ》」です。

グリーンスムージーとは、生の葉野菜と果物を水と一緒にミキサーで混ぜあわせたジュース。健康や美容によいと女性の間でブームになっていましたが、自宅で毎日つくるのは大変です。そこで、コンビニで手軽に入手できるようにということで、「グリーンスムージー」が誕生しました。

発売後のデータから、女性に支持されると同時に、リピート買いする人も増えていることが判明しました。そこで、ＰＯＰ広告[*2]やテレビＣＭ、販売スペースの拡大などで、消費者の認知度をアップ。男性のリピーターも増加し、大ヒット商品に結び付きました。

キーワード

共通ポイントサービス

1企業だけでなく、コンビニ、飲食店、衣料品店、ガソリンスタンド、ホテル、銀行など、提携したさまざまな店舗やサービスの利用でポイントをためられ、使えるサービス。代表的なのものに、「Ponta」「Tポイント」「楽天スーパーポイント」などがある。
サービスを提供する企業は、利用者の消費行動のデータを収集することで、マーケティングなどに活用することができる。

＊1 2015年10月末現在。
＊2 POP広告：POPは、「Point of Purchase」の略。店頭や店内に設置する、商品に関する広告。

ヒットの予兆をデータでつかむ

データ収集

誰がいつ何回買ったか

グリーンスムージーを購入したPontaカード利用者のデータ（誰が、いつ、何回購入したかなど）を集める。

データ分析

リピート率からヒットを予測。POPやテレビCM投入

発売した５月以降、リピート率（くり返し商品を買う人の割合）が急上昇。ヒットの可能性が大きかったため、７月に店頭にPOPを掲示、９月にはテレビCMを放送。その都度、購入会員数が急増した。

発売約２か月後の７月、店頭にA4サイズの大きなPOPを掲示した。

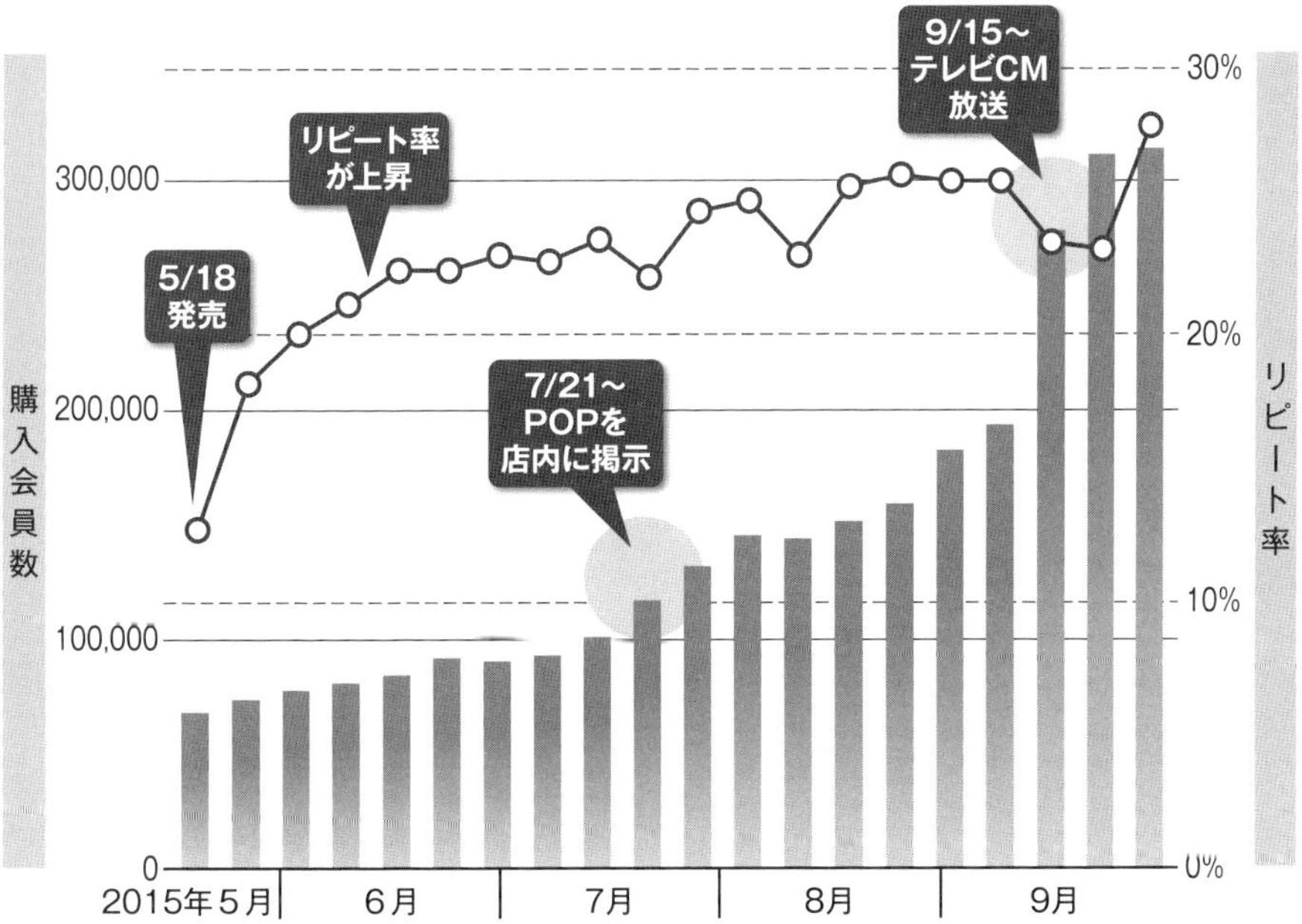

出典：株式会社ローソン資料（2015年５月18日～10月４日、全国の全店データ）。購入会員数は、期間中に１回でも購入した会員を１人としてカウント

約半年で1000万本を超える大ヒット

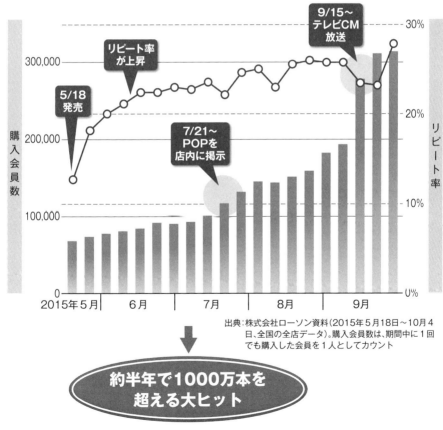

人の動きをデータで見ると、課題の解決策が見えてくる

携帯電話やスマートフォン、ICカード（P19キーワード参照）などを利用して、人の動きをデータ化する試みが始まっています。例えば、GPS（次ページ参照）を利用すれば、人の動きの履歴がわかり、時間ごとの移動の様子を視覚化できます。このデータを営業職などの勤怠管理や営業記録に使えば、職場環境を刷新することも可能です。

人の位置情報データを収集・分析することで、人が多く集まる場所や時間帯を特定すれば、そこで新しい価値や新たなビジネスを生み出すことができるのです。

人の動きから解決策を探る

データ収集

今どこにいるかがわかる

例 GPS搭載の携帯電話、車のカーナビ

人工衛星を利用して、今地球上のどこにいるのかを割り出すGPS（全地球測位システム[Global Positioning System]）を使うと、現在どこにいるかがわかる。ただし、屋内の位置は把握できない。

どこでサービスを使ったかがわかる

例 交通系ICカード（Suica、ICOCAなど）、ICカード付き携帯電話

交通系ICカードからは、誰がどこからどこの駅に移動したかがわかる。携帯の決済機能を使って誰が何をどこで購入したか、などがわかる。

ある場所に来た時だけわかる

例 iBeacon搭載のスマートフォン
➡P57

店や映画館など、ある特定の屋内にスマホを持った人が近づくと、それを感知してスマホに割引クーポンを配信するという通信技術もある。

↓

データ分析

改善したい要因との関連を分析する

売上、営業成績、集客数など改善したい要因と、人の行動との関連を分析し、課題を解決するためのヒントとする。

↓

課題の解決

ビッグデータ
活用例

城崎温泉のデジタル外湯券「ゆめぱ」

携帯電話で使える外湯めぐりチケットが温泉街を活性化させる

温泉旅行は外湯めぐりも楽しみの1つですが、お風呂に入るのにお財布の持ち運びは不便です。しかし、入浴料の支払いや飲食、お土産購入に持ち歩きは不可欠です。

兵庫県北部の城崎《きのさき》温泉では、以前から宿の浴衣姿で飲食店などに立ち寄ればチェックアウト時に旅館で支払える「ツケ払い」の仕組みがありました。それをヒントに、携帯電話やICカードに搭載されているフェリカ＊の機能を利用し、外湯めぐり用のチケットとツケ払いをデジタル化した「ゆめぱ（ぱっと、湯めぐりパス）」を開発。ゆめぱ導入以降、利用客は携帯電話などをかざすだけで入浴も飲食もOKとなり、現金を持たずに外湯めぐりが可能になりました。

ゆめぱは、個人情報を特定できない形で利用履歴も蓄積しています。これまでは経験的に観光客の動きを捕捉していましたが、数値で客観的にわかるようになり、宿泊客の動線や売上との関係がはっきり見えるように。例えば、にぎわっている外湯の通り道にある店の閉店時間を変更したり、売上につながるイベント企画に役立てたりと、積極的に活用されています。また、さらに便利に使えるよう、機能の改善も進められています。

さらに進化

外国人観光客の国内移動パターンを位置情報データで分析開始

外国人観光客の呼び込みは、政府が掲げる成長戦略の1つ。観光庁はビッグデータ活用で観光立国へ道を模索している。ツイッターなどSNSへの書き込みから外国人観光客の嗜好や満足度を分析するほか、観光客本人の同意を得てスマートフォンのアプリで位置情報を収集、国内での移動の実態を分析し始めている。

＊フェリカ（FeliCa）：かざすだけで高速のデータ通信ができるICカードの技術方式。

デジタル外湯券で観光客の動きや消費の状況も明らかに

ゆめぱ デジタル外湯券導入

宿泊客の温泉街めぐりが便利に

外湯に入るのに必要な外湯券を、携帯電話や IC カードなどで利用できるようにしたことで、気軽に何度でも外湯が楽しめるように。宿泊を示す宿の浴衣着用も不要になった。

財布を持たずに買い物可能に

ゆめぱは温泉街で買い物をしたり、食事をしたりする時にも利用できるため、携帯電話や IC カードだけを持って街歩きが楽しめる。

観光客の属性や行動データを収集可能に

データ収集

ゆめぱの利用で、観光客がいつ、どこで、どんなサービスを利用したかなどのデータを収集できる。温泉街の店での購入金額もわかる。

ゆめぱを使うと、いつどの外湯に入ったか、出たかが記録されるため、外湯の混雑状況の把握や混雑予測もできる。

データ分析 **売上をアップさせるイベントが判明**

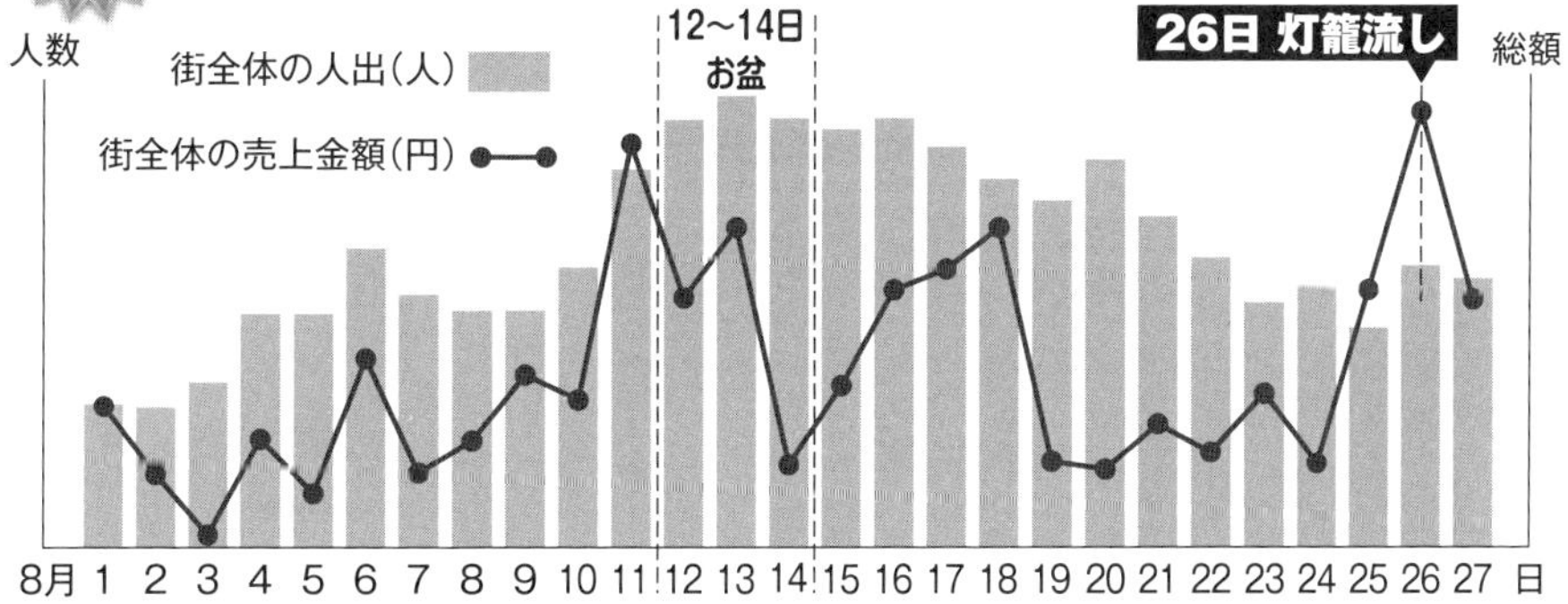

2011 年 8 月の街全体の人出とツケ払いでの売上金額の推移。人出はお盆期間の 12 ～ 14 日が最も多いが、売上は灯籠流し開催日の 26 日がいちばん多かった。

出典：独立行政法人産業技術総合研究所「行動観測技術の温泉街への導入と顧客行動データの活用」資料より作成

↓

客数ではなく、散策時間の長さが売上を増加させる？

ビッグデータ活用例

コールセンターの受注業務

休憩中に楽しく過ごすだけで受注率が13％もアップした

誰と誰が、どれくらい活発にコミュニケーションをとっているか。人どうしのつながりや活発さを、データを使って視覚化し、課題の解決につなげることも行われています。

雰囲気のよい組織は業績もよい……社会人ならこのことを経験的に知っていますが、そういう組織をつくり上げるのはリーダーにとって悩みの種です。その難問をデータ分析で解決したのが、企業の電話対応を代行（コールセンター）するりらいあコミュニケーションズです。

コールセンターの仕事の1つに電話営業がありますが、部署によって受注率に差がありました。その理由が何なのかを知るため、各種センサーが搭載された名刺大のカードをセールス担当者が着用。センサーから得られたデータから〝つながり〟を数値化し、休憩時間に社員どうしの会話がどの程度活発に行われたかを視覚化しました。

受注率は営業スキルと関係していると思われていましたが、実は職場の活発度と相関していました。そして、休憩時間のとり方を工夫した結果、受注率は13％*も向上。これまでは経験的に知られていたことが、データによって裏付けられたのです。

さらに進化

バーチャルストアで心の動きまで読みとる

消費財メーカーのＰ＆Ｇは買い物をする際の「心の動き」を数値化する実験を行っている。巨大なスクリーンに映し出されたバーチャルストアで、被験者が陳列棚から製品を選ぶ瞬間を、心拍数や発汗、目や手の動きからデータ化。分析結果はブランド印象分析、顧客満足度の推定など、さまざまな形で活用している。

＊株式会社日立ハイテクノロジーズホームページ「ヒューマンビッグデータ／クラウドサービス」導入事例より。

小さなセンサーでメンバーの行動をデータ化

りらいあコミュニケーションズの課題

コールセンターごとに受注率がちがう

あるサービスを電話営業で売り込みしているが、コールセンターごとの売り込み成功件数（受注率）に差がある。

データ収集

コールセンターメンバーの行動データを収集

対面すると反応する赤外線センサー、体の動きを感知する加速度センサー、声や音を測る音量センサーが組み込まれた名札型センサーを準備。電話をかけるオペレーターやその監督者など関係者全員が装着した。

検知できる情報

- 誰と誰が、いつ、何分間対面したか
- 会話中の活気
- どこに、誰がいたか

名札型センサーとビーコンで、メンバーの行動データを収集した。

データ分析

オペレーターのスキルや受注率データ

実際に電話をかけるオペレーターの営業スキル、経験年数、日々の受注率、個人の性格などのデータも収集し、行動データとの関連を調べた。

⇩

受注率に影響したのは

休憩中に楽しく会話をしたかどうか

休憩中に活発に会話をした日は受注率が高く、しなかった日は低いことがわかった。

⬇

同世代４人組で休憩をとるように

休憩中の活発度を上げるために、受注率が低いコールセンターでは同年代４人ずつのチームをつくり、同時に休憩をとるようにした。

⇩

休憩中の活発度10%アップ
受注率は 13% アップ

ビッグデータ
活用例

ネット上から実店舗へ誘導する「O2O」

クーポン配信やネットでできる在庫検索で店に来てもらうしかけをつくる

車や家電から鉛筆1本までインターネット上で購入できる今、実店舗にとってネット店舗は脅威になっています。そこでインターネットを利用して、実店舗に誘導する「O2O《オーツーオー》（Online to Offline）」という手法が登場しました。

O2Oにはさまざまな手法があり、実店舗で使えるクーポンをスマートフォンのアプリ*に配信する方法や、実店舗の在庫を検索できるホームページなどが代表的です。

O2Oは、実店舗で商品を確かめ、より安いネット店舗で購入するというショールーミング対策としても期待されています。

スマホアプリがオフラインの売上を上げる

JapanTaxi「全国タクシー」「日本交通タクシー配車」

場所をスマホの地図で指定するだけで、近くにいるタクシーを呼べる

タクシーを利用するには、タクシーが通りかかるのを待つか、電話で場所を説明しなければならなかった。スマホと車載のGPSを利用したアプリ「全国タクシー」「日本交通タクシー配車」を使えば、スマホの地図で来てほしい位置を指定するだけで、近くにいるタクシーを呼ぶことができる。現在は全国47都道府県、タクシー2万台以上が利用可能。2015年10月にはアプリ経由の売上が累計85億円を超えた。

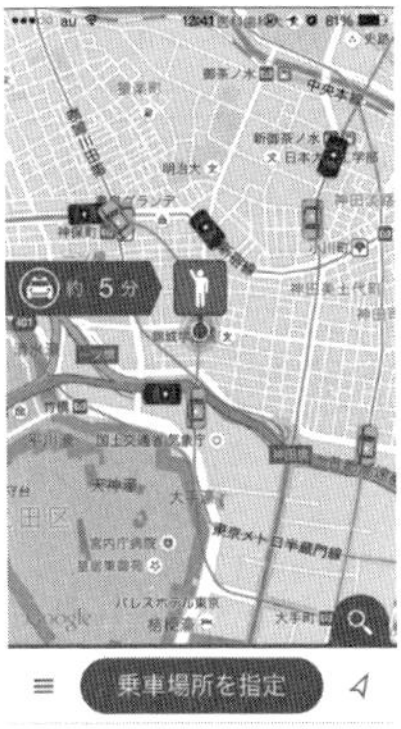

アプリの主な機能

- 地図上でタクシー配車依頼
- ルートと料金の検索
- クーポン配信
- 降車時の支払い手続き省略

＊アプリ：アプリケーションソフトウェアの略。ワープロ、メール、ゲームなど、パソコンやスマホなどコンピュータ上で何か特定の機能を実行するために使う。

キー
ワード

iBeacon（アイビーコン）

特定の場所に近づくと スマホにクーポンなどを自動的に配信

新しいＯ２Ｏツールとして注目されているのが「アイビーコン」です。

アイビーコンは、アップル社のスマートフォン「iPhone《アイフォン》（ｉＯＳ７以降）」に搭載された機能で、「映画館に入ると、次回上映作品の割引券がスマートフォンに自動的に配信される」といったことが実現できます。

対応アプリを前もってインストールしたスマートフォンを持って、店舗などの特定の場所に入ると、スマートフォンが電波を受信。スマートフォンから自動的にサーバーに情報を問い合わせ、コンテンツなどが配信されます（下図参照）。

アイビーコンは、店舗内でのスタンプラリーのようなイベントや、店舗内の人の流れの解析にも使われています。

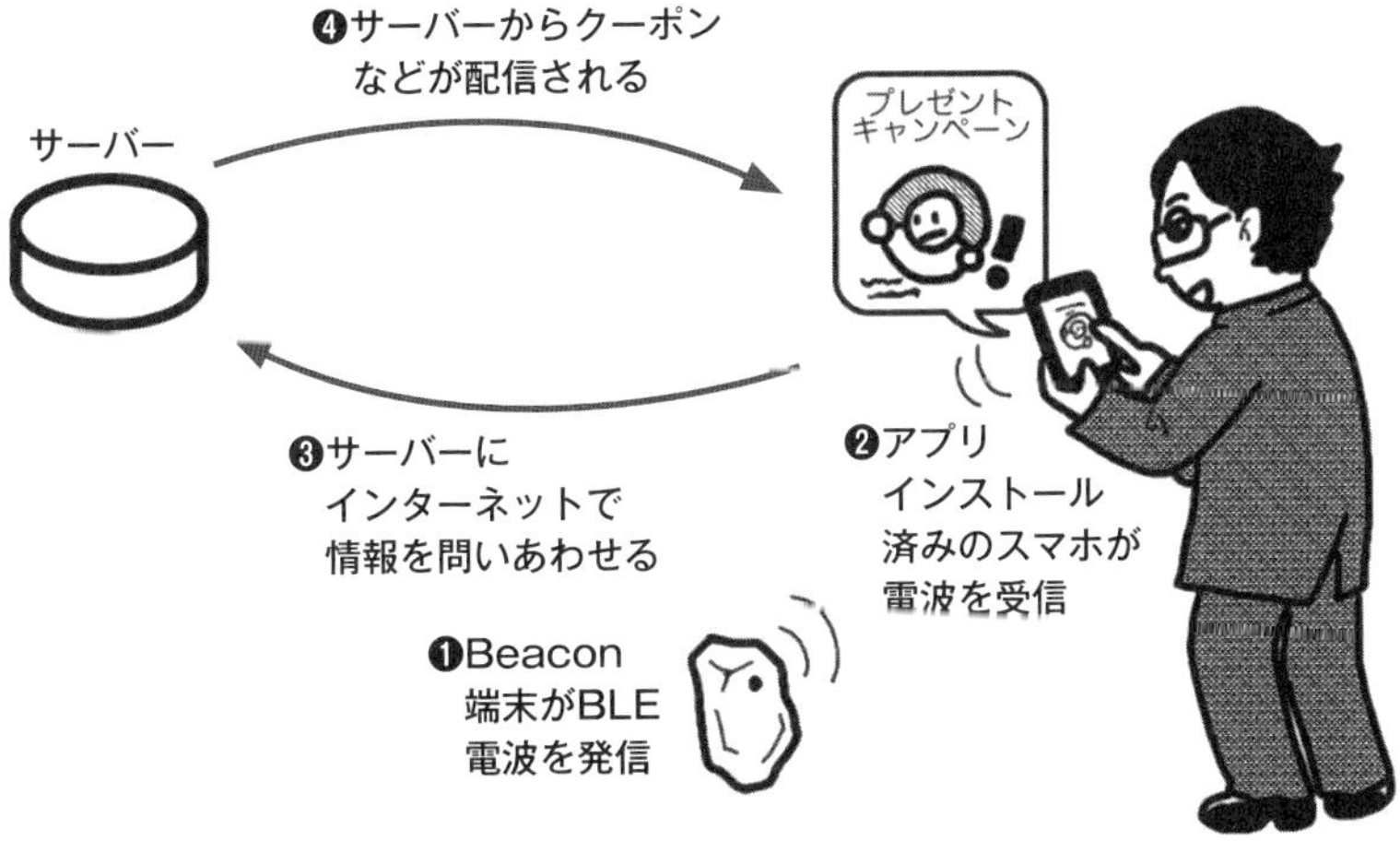

BLEは、Bluetooth Low Energyの略。Bluetooth《ブルートゥース》とは、ワイヤレスマウスやヘッドホンなどで使われている、近距離で無線通信を行う通信規格で、その消費電力が少ないタイプがBLE。

キーワード

オムニチャネル

お店でもネットでも自宅でも買える・受け取れる

スマートフォンの普及とともにショールーミング（P56参照）が小売業に打撃を与えるようになりました。そこで、顧客にいつでもどこでも便利に買い物をしてもらうことを第一に考案されたのが、オムニチャネル。実店舗とオンラインショップの在庫や顧客データを融合することで実現する仕組みです。例えば、店舗の在庫をスマホで確認、取り置きして、実店舗で購入することも可能になります。

アメリカで生まれた概念ですが、日本でもセブン＆アイ・ホールディングスやパルコなどが導入し、注目を集めています。

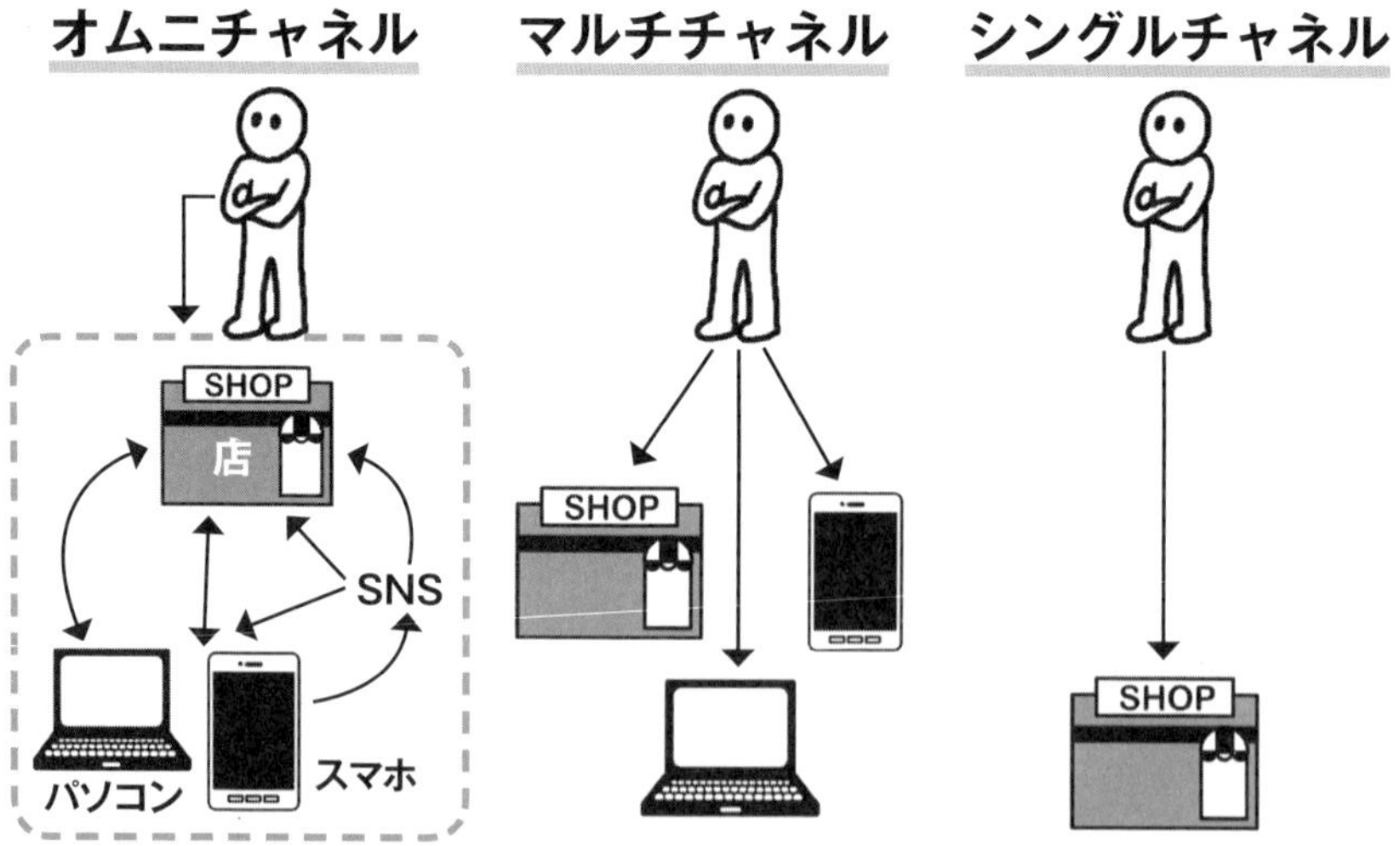

商品を見つけ、検討・購入・受け取る方法や場所が選べる。例えば、SNSで知った商品をスマホで注文し、店で受け取れる。

店やオンラインショップ、それぞれの場所や方法で商品を見つけ、検討し、購入、受け取る。

店（実店舗）で商品を見て、検討して、購入し、その場で受け取る。

第3章

なぜ家電やメガネが次々と"スマート"になるのか

モノから**集**まった**データ**が**新**たな**価値**を**生**む

BIG DATA

モノやコトが〝スマート〟に

情報通信技術を使って ムダなく便利な社会を目指す

　スマートフォンやスマート家電のように、「スマート」が頭に付く言葉をよく耳にするようになりました。スマートには「賢い」という意味があり、より進化したということを示します。例えばスマートフォンは液晶画面をタッチするだけで操作でき、アプリを通してさまざまな使い方ができます。

　さらにインターネットに接続できることがスマートの大切な要素です。スマートフォンやスマート家電はネットにつながることで、多様な情報をやりとりできます。そしてビッグデータはスマートなモノによって生まれるのです。

キーワード

IoT　あらゆるモノがインターネットにつながる
M2M　機械と機械が直接通信する

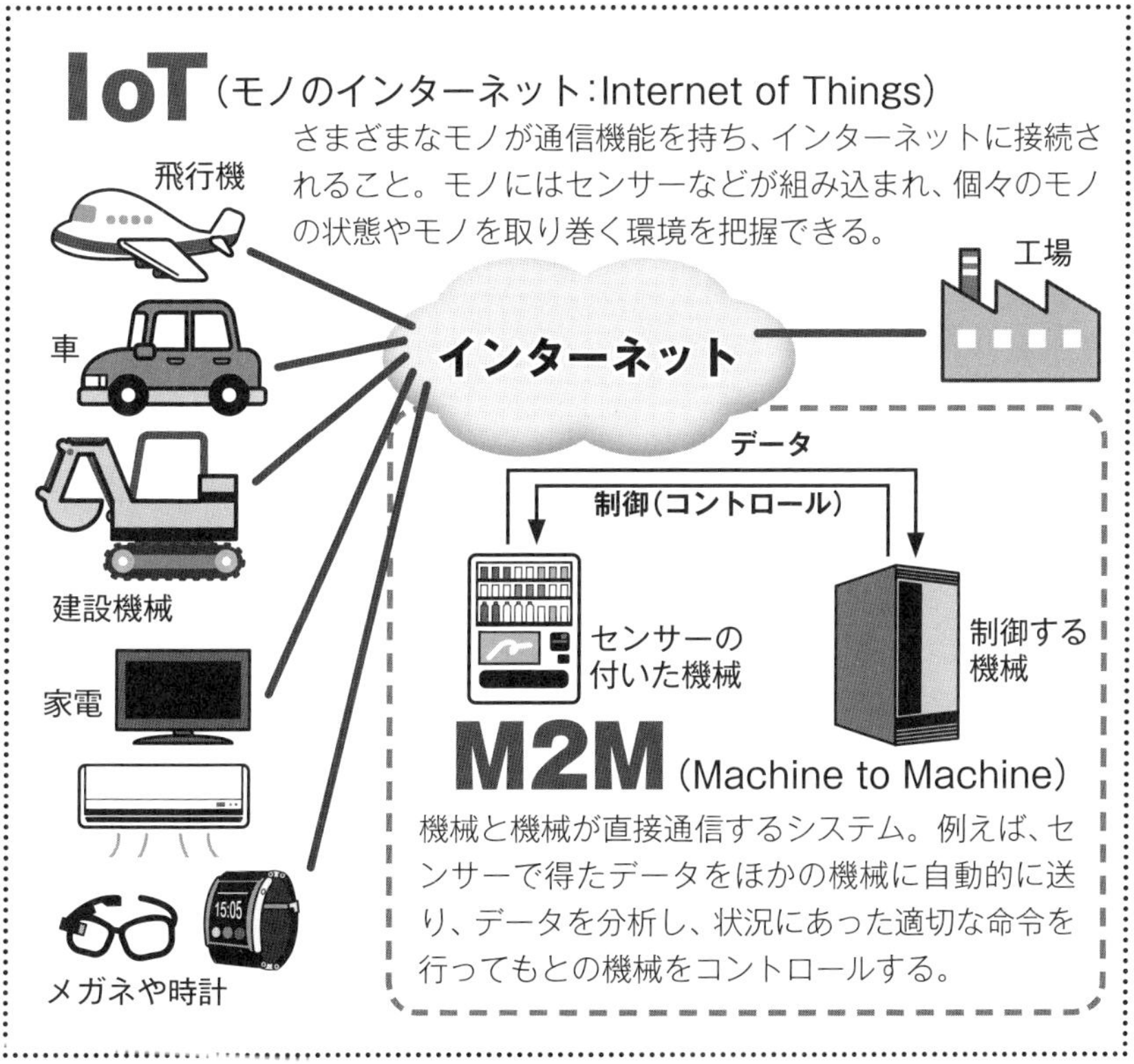

ＩＣＴ（P24参照）の進化で自動車や家電、工場の生産設備などあらゆるモノがインターネットに接続され、イノベーションが生まれています。例えば機械の稼働状況をネット経由で監視することで、故障前の保守が可能になりました。このようにモノがネットに接続することをＩｏＴ《アイオーティー》と呼び、2020年には世界で500億個のモノがネットに接続されると予想されています。

モノがネットにつながると、モノどうしが自動で情報をやりとりできます。例えば電子マネーで自動販売機の商品を買う時は、カードをかざすと商品情報、個人の属性などの情報がサーバーに送られ、電子マネーから金額が差し引かれます。このように機械どうしが通信することをＭ２Ｍ《エムツーエム》と呼びます。

ビッグデータ活用例

身近なIoT①スマート家電

外出先から操作ができる家電も登場。利用時点のデータ分析でより使いやすく

生活家電をインターネットに接続し、「スマート化」する取り組みが始まっています。家電をスマート化させるカギは、スマートフォンとの連携です。例えば、現在は各家電にそれぞれ専用のリモコンが必要ですが、スマート家電では1つのスマートフォンで操作できます。すると、帰宅途中でエアコンを入れたり、外出先でテレビ番組の録画予約をしたりできるようになるのです。

スマート家電とスマートフォンを連携させることで、使用履歴をデータ化することもできます。例えば、体組成バランス計や血圧計のデータをスマートフォンに送り、毎日の体重や血圧をグラフ化。そのデータをクラウドに送り、ダイエットのアドバイスを受信することも可能です。

スマート家電の使用データを使って、生活により役立つサービスを生み出そうという研究も始まっています。大手電機メーカーのパナソニックは、冷凍食品の使用状況を電子レンジとスマートフォン、クラウドサービスを利用して調べる実験を、富士通とともに実施。スマート家電の利用履歴を分析することで、より魅力的な商品開発とともに、業界の枠を超えたさまざまなビジネスの可能性が見えてきました。

スマート家電の例

エアコン

スマホを使って外出先から操作ができるので、帰宅時に部屋は適温に。人の動きを感知するセンサーで、留守番中の子どもや離れて住む家族の状況がチェックできる。人のいる場所にのみ気流を送る節電機能もある。

デジタルカメラ

離れた場所からスマホでカメラを操作できる。撮影した写真や動画をカメラからSNSに投稿することも可能。

炊飯器

スマホで米の銘柄、好みの食感別に炊き分け設定ができる。レシピ検索やレシピにあわせた炊飯設定も可能。

電子レンジで冷凍食品の利用状況がわかる

スマート家電機能を持つレンジとスマホを使って、「冷凍食品が実際どうやって食べられているか」を調べる実験を行った。対象は、スマート家電からの情報収集の許可を得たモニター。

課題
冷凍食品の利用実態から新たなサービスを考えたい

データ収集

利用者 スマホとレンジで冷凍食品を調理

食べたい冷凍食品を調理するためのレンジの設定データをスマホで受信。スマホをレンジにかざすと、そのデータがレンジに送られる。

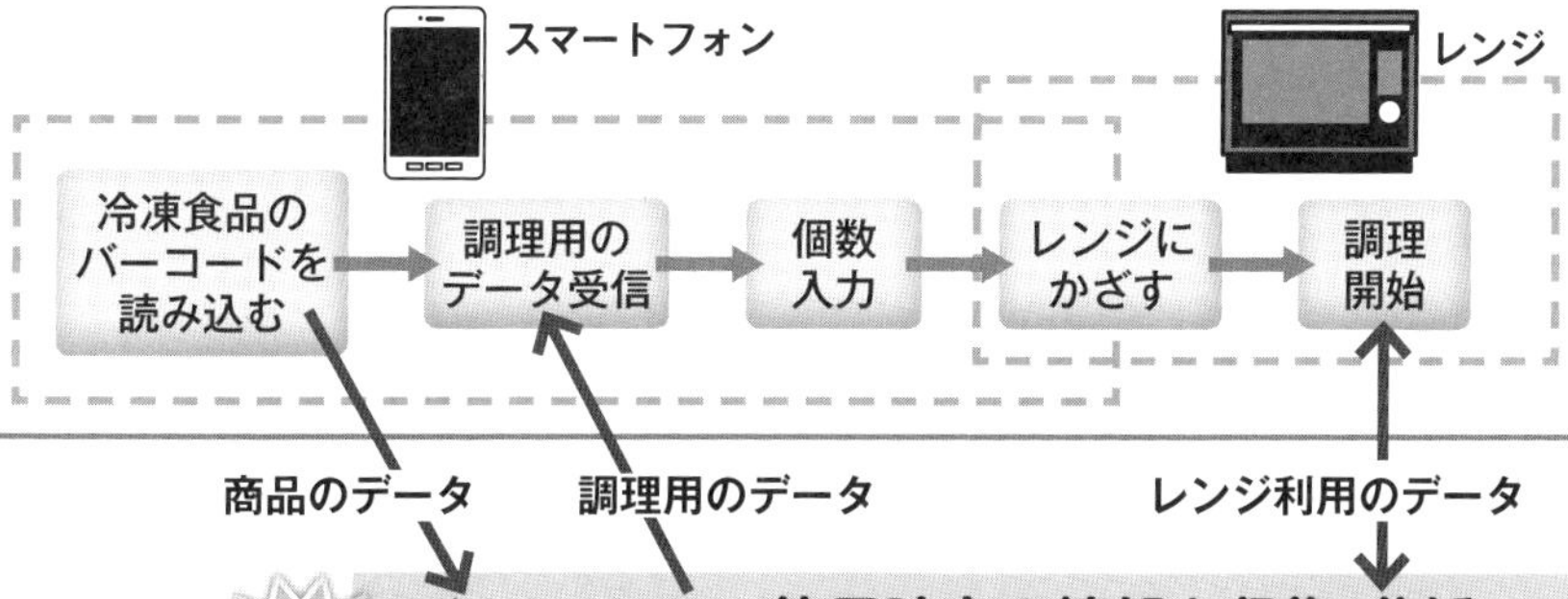

スマートフォン
レンジ
冷凍食品のバーコードを読み込む
調理用のデータ受信
個数入力
レンジにかざす
調理開始
商品のデータ
調理用のデータ
レンジ利用のデータ

データ分析

データセンター 使用時点の情報を収集・分析

冷凍食品をどういう時に、どんな人が、何個食べるかという利用時点の生のデータがクラウド（P32参照）に集まり、そのデータを分析することで利用実態を示す情報が得られる。

「冷凍パスタは腹持ちがよい割にカロリーが低いという理由で、40代男性が夜中に夜食として食べる」といった意外な利用実態が明らかに。

新しい価値

考えられるサービスは？

●冷凍食品メーカー向け
商品が調理されたシーンがわかることで、新商品開発のヒントになる。

●食品卸会社など向け
今後その冷凍食品が使われる個数を予測し、倉庫内の在庫数量の調整や配送計画に利用できる可能性がある。

●スーパーマーケットなど小売業
利用者それぞれの好みや生活パターンにあわせて、特売情報やクーポンをスマホに配信するサービスが考えられる。

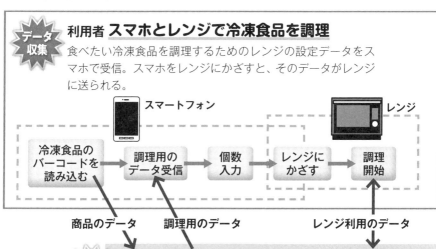

ビッグデータ活用例

身近なIoT②衣類やゴミ箱

体調がわかる作業服で作業員を守る。ゴミの量を知らせるゴミ箱でコスト削減

街なかでも、さまざまなモノがインターネットにつながっています。ここにあげたのは、ほんの一例にすぎません。

街なかにもあるいろいろなIoT

建設機械

位置情報や稼働状況を保守や運用に役立てる

建設機械メーカーのコマツでは、建設機械に付けた各種センサーの情報を、機械の保守や運用などに役立てている。

➡ P78

●アメリカ・フィラデルフィア市の場合

アメリカ東海岸に位置するフィラデルフィア市では、市内700個のゴミ箱のうち、500個をビッグベリーソーラーに置きかえ。下記のように大きくコストや人員を削減した。

	導入前	導入後
ゴミ回収	週17回	週3回
スタッフ	33人	9人
回収シフト	3シフト	1シフト
年間コスト	230万ドル	72万ドル

出典：日本システムウエア株式会社ホームページ

健康状態がわかる作業服

建設現場の作業員の体調をセンサー素材の衣類でチェック

機能素材 hitoe で計測した心拍・心電情報はスマホ経由でクラウドに送信され、解析後、現在の体調がパソコンやスマホなどに表示される。

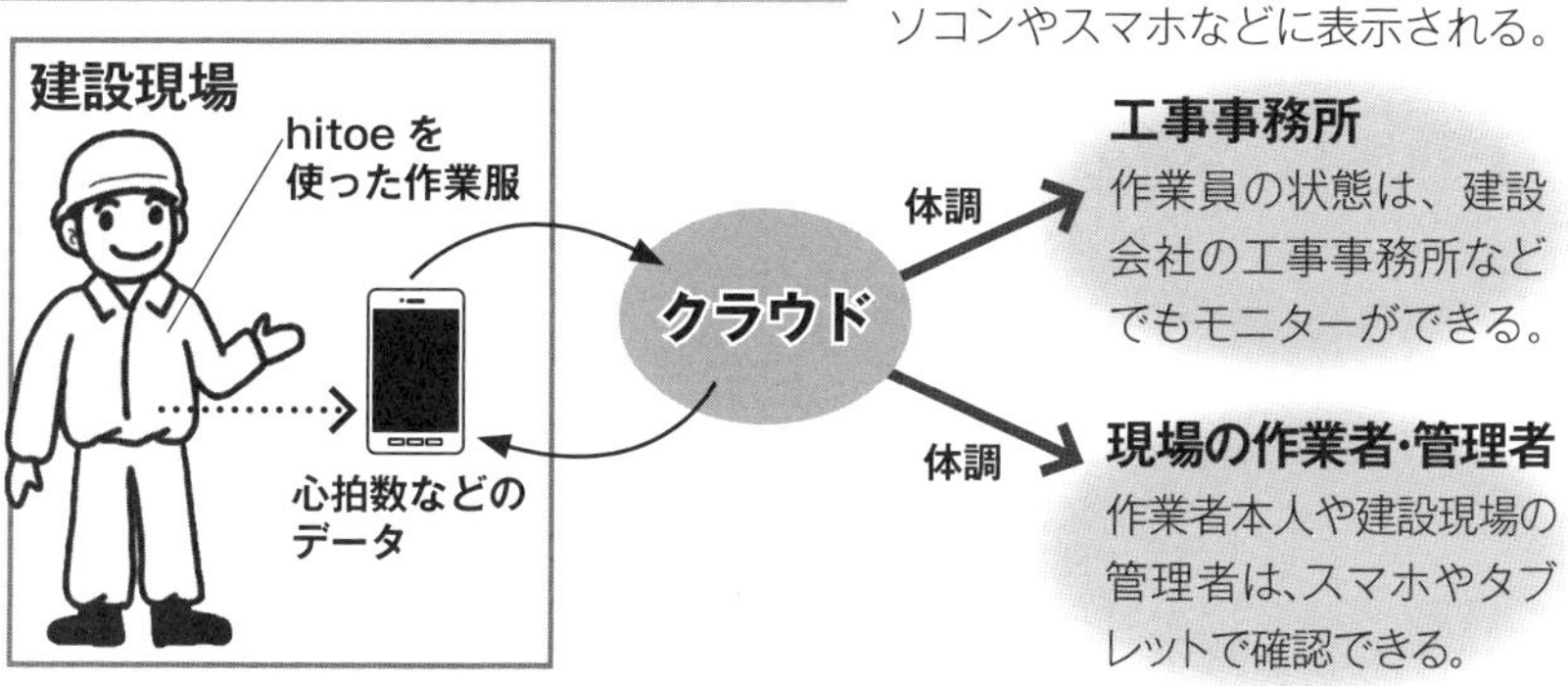
建設現場
hitoe を使った作業服
心拍数などのデータ
クラウド
体調
体調
工事事務所
作業員の状態は、建設会社の工事事務所などでもモニターができる。
現場の作業者・管理者
作業者本人や建設現場の管理者は、スマホやタブレットで確認できる。

過酷な真夏の建設現場で作業員の熱中症を予防することは、現場の安全確保のためにも欠かせない。大手建設会社の大林組は、作業員の心拍数などの生体情報をリアルタイムに取得し、監視する実験を行っている。データ取得に使うのは、着るだけで心拍数や心電位などを連続計測できる機能素材を使った作業服。取得したデータを分析し体調をモニターすることで、より安全で効率的な管理体制の構築を目指している。

スマートゴミ箱

ゴミの蓄積状態がわかるゴミ箱で収集を効率化

個々のゴミ箱の状況はモバイル端末で確認可能。ゴミがたまると、自動的にゴミを圧縮する機能を持つタイプもある。

ビッグベリーソーラーは、ゴミの蓄積状況を携帯電話の通信網を使って、リアルタイムで発信できるゴミ箱。各ゴミ箱の情報を集計して最適な収集ルートを算出でき、作業時間の短縮や燃料代の削減、収集担当者の人員配置の見直しなど、さまざまな面での最適化が可能だ。ゴミの多い地域にゴミ箱を増設したり、少ない地域は撤去したりと、ゴミ箱配置の検討材料にもなる。すでにアメリカをはじめ、世界45か国以上でゴミ収集作業の効率化に成果をあげている。

写真提供：日本システムウエア株式会社

さらに進化

スマートグリッド・スマートコミュニティ

ＩＣＴで地域をつなぎ、エネルギーをムダなく効率的に活用する

電気の供給方法としては、今まで、大規模な発電所で発電し、離れた地域まで送電する方法が主流でした。この方法は、電気が安定的に供給される一方でムダも多く、自然災害時の復旧も簡単ではありません。そこで、送電網を根本的に見直すために考案されたのが、「スマートグリッド（次世代送電網）」です。

これはＩＣＴを利用して電力の需要と供給のバランスをとるというもの。太陽光などの再生可能エネルギーを用いて、使う人の身近で発電し、利用者はエネルギー管理システムを通じて効率的に電気

地域内でエネルギーを融通しあう

スマートコミュニティでは、地域内をネットワークでつなぎ、エネルギーの需給をＩＣＴ(P24参照)で効率的にコントロールする。

コントロールセンター(CEMS)

CEMS《セムス》は、地域エネルギー管理システム（Community Energy Management System）の略。地域全体のエネルギーの利用状況を把握し管理する。エネルギーの需給状況や気象状況から発電量を決めたり、家庭で余った電力をオフィスに融通したりして、エネルギー利用のバランスをとる。

太陽光発電

水力発電

風力発電

太陽光や水力など再生可能エネルギーを用いて、地域内で使う電気をつくり出す。

電気自動車

電気自動車は蓄電池として活用される。非常時の電力源としても期待される。

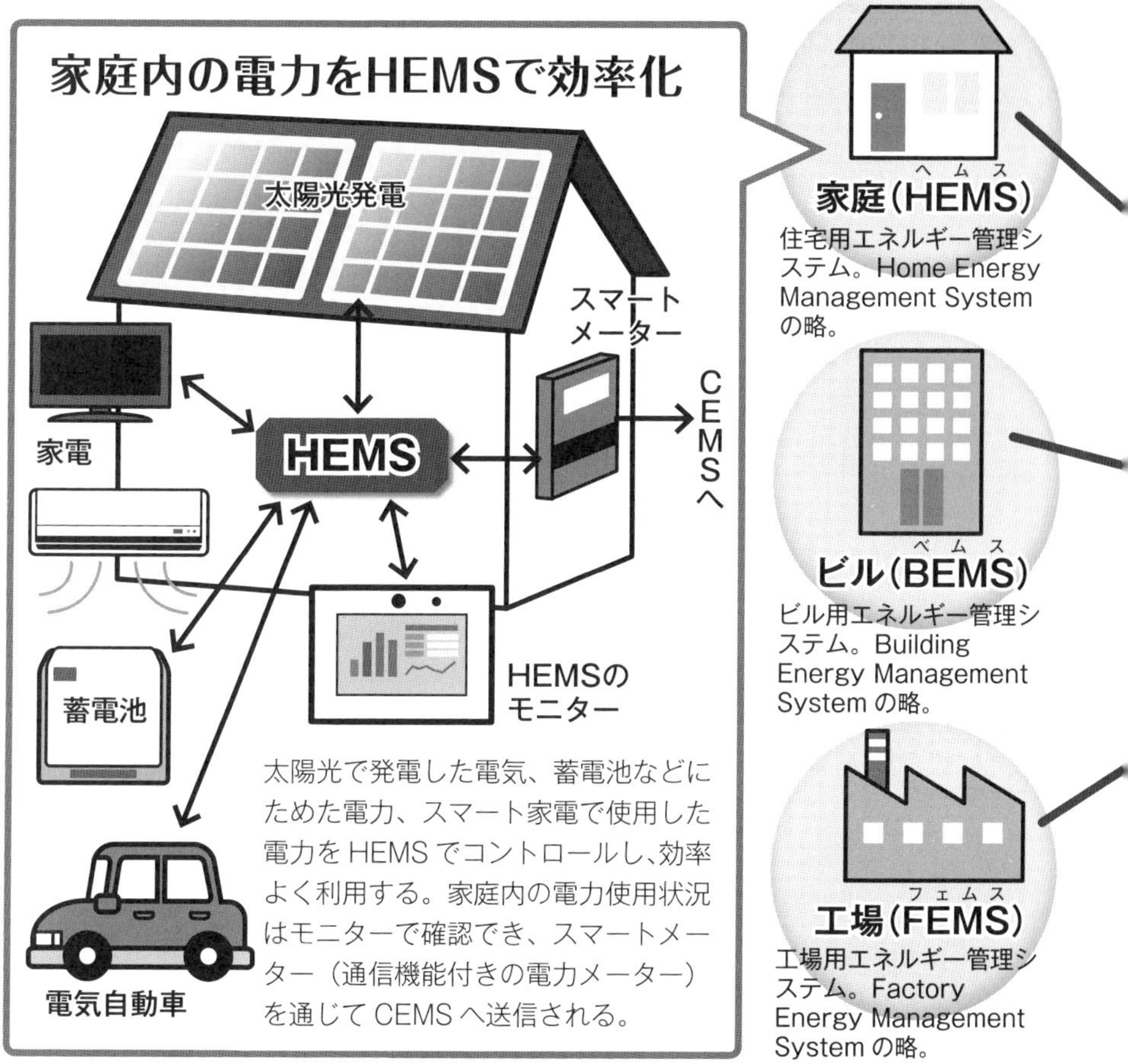

太陽光で発電した電気、蓄電池などにためた電力、スマート家電で使用した電力をHEMSでコントロールし、効率よく利用する。家庭内の電力使用状況はモニターで確認でき、スマートメーター（通信機能付きの電力メーター）を通じてCEMSへ送信される。

を使用。使用状況のデータをもとに電気を地域内で融通しあいます。

４都市で実証実験。快適な節電の実現へ

これまで以上に電力を有効活用しようと、交通網なども含めたライフスタイル全般を見直すスマートコミュニティ構想があります。２０１０年～14年には、横浜市・豊田市・けいはんな学研都市・北九州市で実証実験が行われました。

４都市では技術面の検証はもちろん、家電や給湯機などの制御、エネルギーの使用量に応じて供給側を制御する仕組みや、電気自動車のための環境整備などの取り組みが行われ、従来の快適性や利便性を損なわない新しいサービスの創出や、技術の標準化のためのデータ収集などが行われました。

センサーでモノの使用状況や異常を検知。ムダをなくし、安全を守る

工場などの設備が故障すると、業務に多大なダメージを与えます。だからこそ日ごろの保守・管理が重要なのですが、機械は使う頻度や環境などによって保守の時期が一様ではなく、定期点検に行っても実は必要ないムダな作業だったということもありました。

そんなムダも、設備機器にセンサーを取り付けることで削減可能に。人の目では把握できない異常を検知したり、不具合や故障の予兆を察知したりすることで、機械の状況に応じた保守・管理ができ、業務をストップさせなくてすむようになってきています。

ビッグデータで変わる保守・運用

不具合・故障で業務を止めない

これまで 不具合や故障が起こってから製品のメンテナンスや原因追究を行うため、そのたびに利用している顧客の業務がストップ。

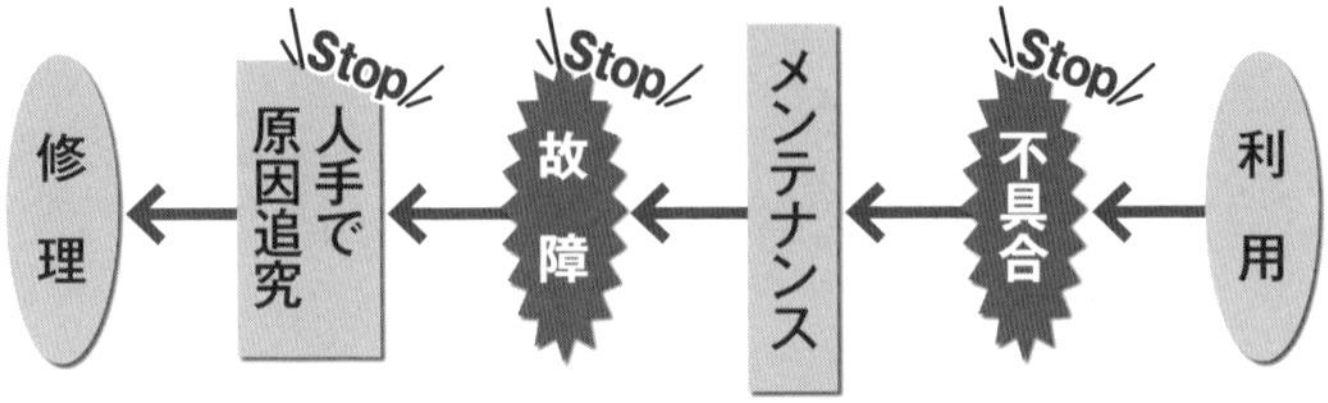
利用
不具合
Stop
メンテナンス
故障
Stop
人手で原因追究
Stop
修理

ビッグデータを活用すると 製品の利用状況を常にセンサーデータで把握しているため、不具合が起こる前にメンテナンスができる。故障原因もすぐに把握できる。震災などの非常時にも迅速な対応が可能。

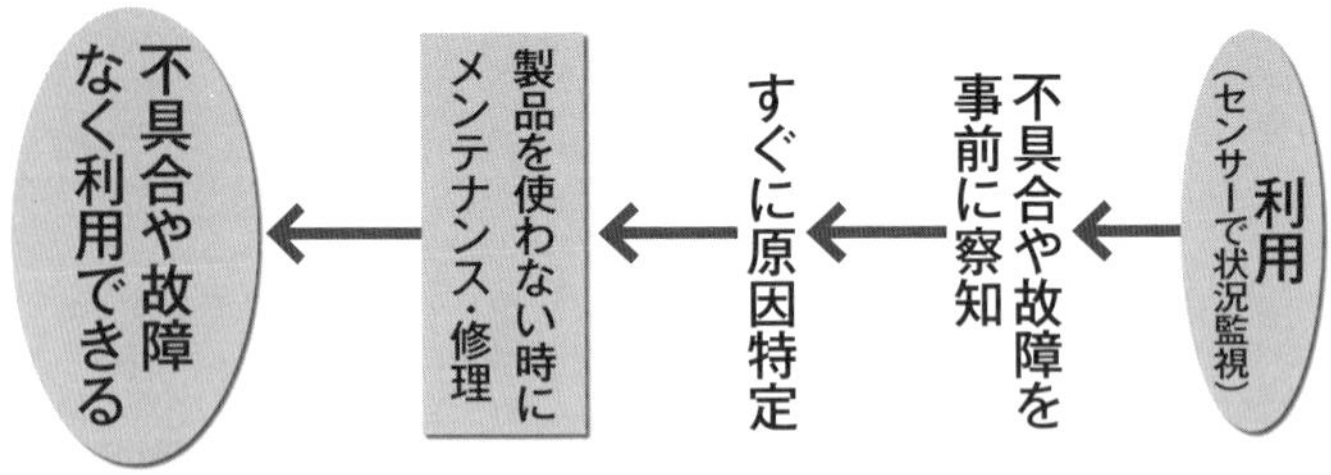
利用（センサーで状況監視）
不具合や故障を事前に察知
すぐに原因特定
製品を使わない時にメンテナンス・修理
不具合や故障なく利用できる

ビッグデータがあれば、経験の浅い作業員でも熟練した作業員並みの対応が期待できる。

技術不足・人手不足を解消

これまで

製品が複雑になり、利用者（顧客）ではトラブル対応が難しい。人員の合理化や団塊世代の引退などで、人手も熟練した作業員も不足。

ビッグデータを活用すると

モノの状態を常にセンサーで監視することで、人では感知できないレベルの異常やその原因が自動的に把握できるため、メンテナンス人員を必要最低限に抑えられる。また、経験の浅い作業員でも対応が可能に。

モノとソリューションを売る製造業へ

これまで

製造業は製品をつくって販売し、顧客に使ってもらうことがメイン。保守はその付随サービスだった。

ビッグデータを活用すると

製品を販売するだけでなく、製品に付けられたセンサーから生まれるビッグデータで、故障や不具合で業務をストップさせない。さらに、顧客にとって価値ある新しいサービスも提供できる（P76参照）。

新サービス創出や社会問題解決にも

従来、メーカー（製造業）は製品を生産し納品することが主な業務で、保守は副次的な仕事でした。しかし製品にセンサーを付け、データを収集・分析をすることで、保守や運用を含めた製品ライフサイクル全体にビジネスの幅が広がっています。

また、センサーを用いた保守・運用は、橋梁《きょうりょう》やトンネルなどの社会インフラの管理にも応用されています（P70参照）。

国内の多くの社会インフラは、高度成長期に集中的に建設され老朽化が進んでいます。大事故を防ぎ、安全を守るためにも、センサーから集まるデータが欠かせない時代になっているのです。

ビッグデータ活用例

橋の状態監視システム

橋のひずみや振動を常に監視。劣化の早期発見や災害対策に役立てる

センサーから得られるビッグデータの活用例として、橋梁《きょうりょう》モニタリングシステムがあります。橋梁に多数のセンサーを設置し、ひずみや伸縮、負荷などを継続して監視することで、橋の保守・運用を行うものです。

　これまでは専門的な知識を持った監視員が目で実際に確認することで、橋梁の状態を把握する方法が主流でした。センサーはこうした監視員の経験や知識を、数値化してくれます。客観的な数値になれば誰にでも利用しやすくなり、新しいノウハウを生み出すことにつながるのです。

多数のセンサーで橋の状態を把握

データ収集

橋に関わるデータをリアルタイムで収集

橋梁に付けたセンサー

↓

ひずみ　振動　傾斜　移動

などのデータを収集

橋梁に温度計やひずみ計、加速度計、変位計などのセンサーを設置し、データをリアルタイムで継続して収集する。

橋梁モニタリングシステムが導入されている代表的な橋梁が、東京ゲートブリッジ。全長約 2.6km と長く、特殊な形の橋梁の保守・運用に活用されている。

データ分析

データを平常時にも災害時にも役立てる

センサーから集まるデータは平常時の保守・運用に役立てるとともに、災害対策としての利用が見込まれている。

災害対策活動に役立てる

大地震のような災害が起きると橋がどのような損傷を受けるか、データをもとにあらかじめ解析。大地震発生時に橋梁が通行止めとなっても、解析結果をもとに迅速に点検を行って、できるだけ早く解除できるよう、対策をとることが可能になる。

経年による劣化を予測

橋梁は気温の変化に伴って伸縮する。そのため、温度や位置の変化を示すデータを継続して監視することによって、劣化の状態や異常を早期に把握することができる。
また、大事故につながる前に、橋梁の保守を行う計画をたてることができる。

点検や補修を検討

自然災害、自然環境（温度や塩害など）のほか、過積載の大型車両の通行も橋の劣化に大きく影響することがわかっている。温度や橋の状態に加えて、車両の重量を継続して監視することで、点検や補修などのタイミングを検討できる可能性がある。

さらに進化

センサーを搭載した車で地中の空洞を見つけ出す

道路下の空洞は、突然の陥没事故の原因になる。表面からは見えない異常の迅速な検知にデータを活用したのが、ジャパン・レジリエンス・アワード2015特別顧問賞を受賞したジオ・サーチの「スケルカ」技術。センサーとマイクロ波を利用して1日に100km分の大規模データを取得、従来の約半分のコスト、約1/10の期間で高品質な調査・報告が可能になった。この技術は、東日本大震災後の道路などの復旧にも役立てられている。

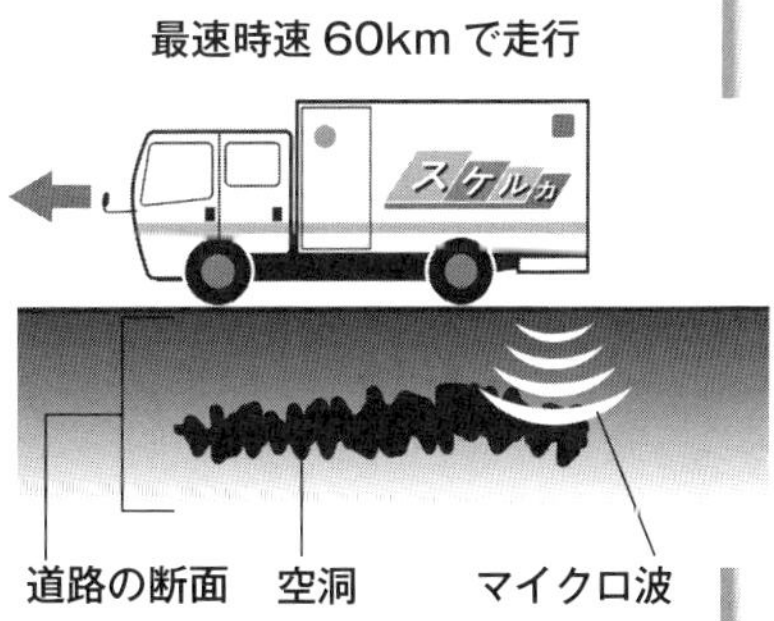

高解像度のセンサーを搭載した車両が、道路を走行しながらマイクロ波を照射して、地下の状況を正確に把握する。

ビッグデータ
活用例

人工知能の技術を使って「いつもとちがう」を、人より早く察知する

発電プラントの故障の予兆を監視

625万通りのパターンで異常を監視

データ収集

多数のセンサーで約2500のデータを収集

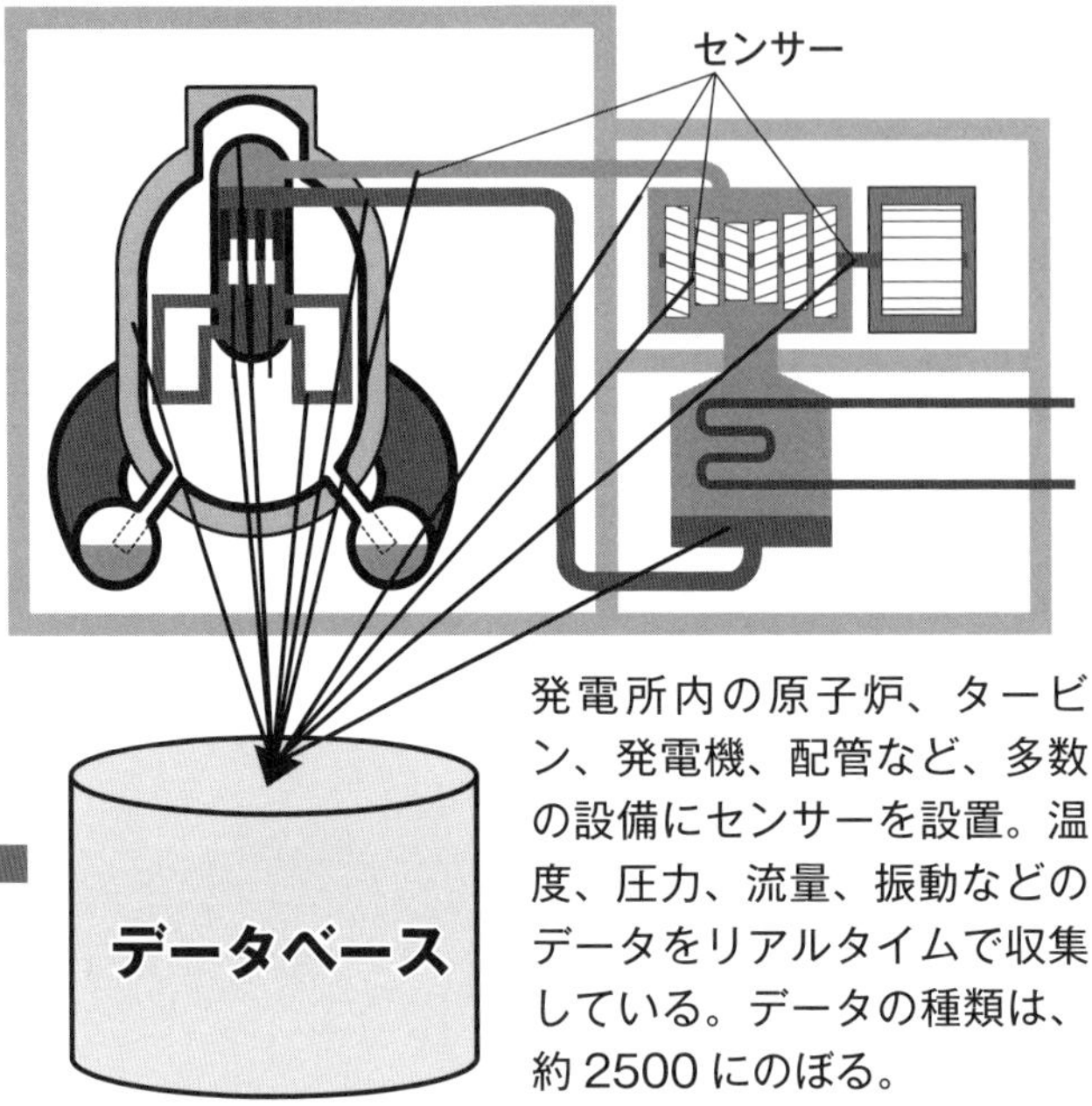

発電所内の原子炉、タービン、発電機、配管など、多数の設備にセンサーを設置。温度、圧力、流量、振動などのデータをリアルタイムで収集している。データの種類は、約2500にのぼる。

出典:中国電力株式会社プレスリリース(平成26年5月23日)より作成

工場や発電所などの大規模プラントでは、停止によるダメージを防ぐため、強固な監視システムを採用しています。異常が発生すると保守員がすぐに対応。しかし、機器の稼働状況までは即時に把握できないため、監視員が解析して対応するまで時間がかかります。

中国電力の島根原子力発電所では、異常事態に可能なかぎり素早く対応するため、ビッグデータを活用した「故障予兆監視システム」を2号機に導入。多数のセンサーでリアルタイムに監視することで、故障する前に対応できるようになりました。

データ分析

過去のデータから正常パターンを予想。パターンと異なる時は警告

①観測点２点のデータの関係から、正常パターンを自動的に予測。約 2500 点すべてのデータ間の関係について分析し、約 625 万通りのパターンをつくる。

②計測したデータが予測した正常パターンと異なる場合は、何らかの異常の予兆が発生していると考えられる。

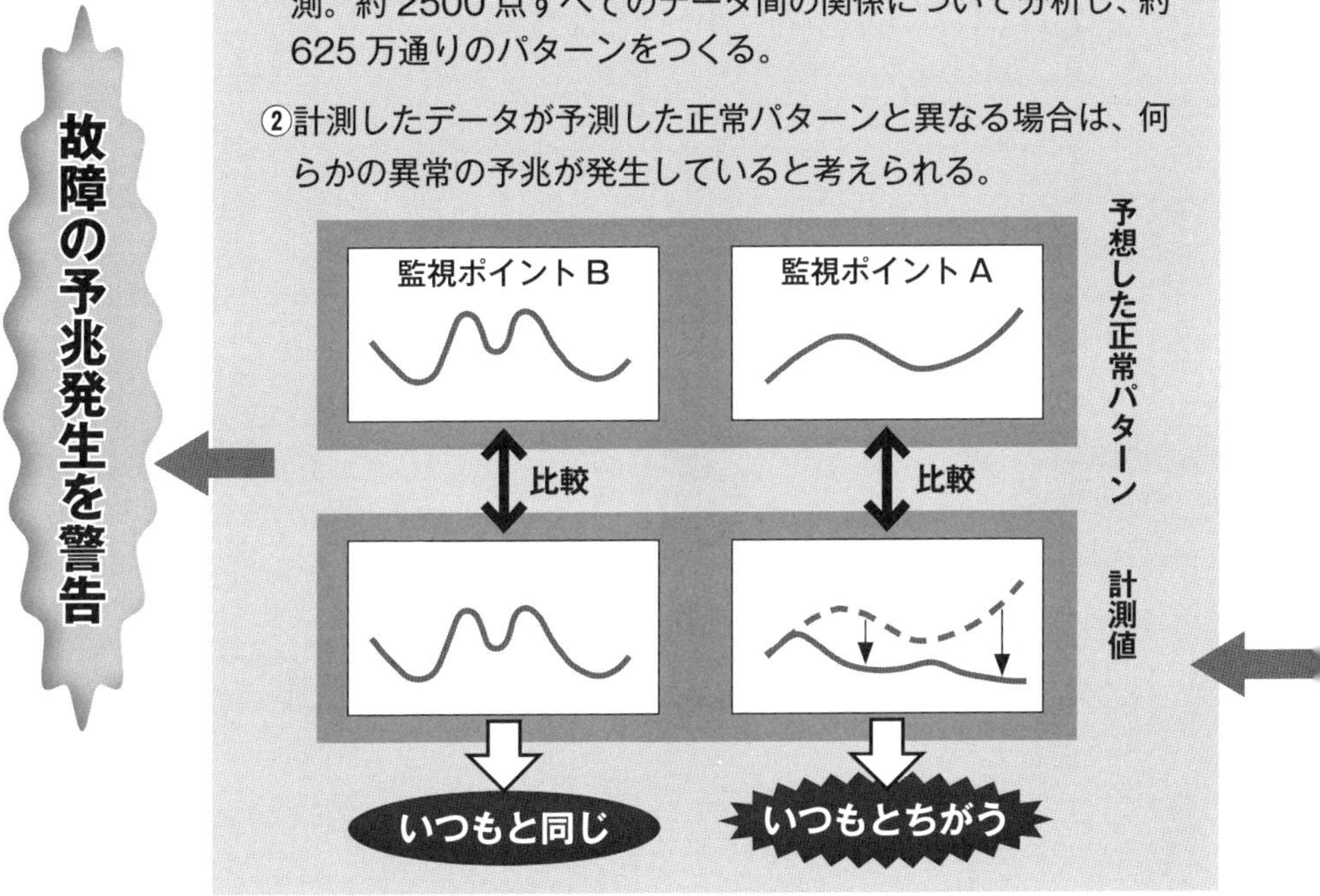

故障の予兆発生を警告
予想した正常パターン
監視ポイントB
監視ポイントA
比較
比較
計測値
いつもと同じ
いつもとちがう

ビッグデータ分析で異常の予兆を検知

　これまでの監視システムは、各センサーに基準値（閾値《いきち》）を決め、その値を超えたら警報が出るというものでした。閾値は、低く設定すると正常でも異常だと誤判定されるため、異常の早期検知には限界があるとともに、専門知識を駆使した調整が必要です。

　しかし新しいシステムでは、人工知能に用いられる技術（P74参照）で、蓄積されたデータをもとに自動的に正常な状態を割り出し、異常を検知。専門知識なしで「いつもとちがう」状態を発見し、状況を把握できるのです。

　検証試験の結果、異常の予兆の原因や、今後の影響範囲の予測も可能なことがわかっています。

キーワード

人工知能・機械学習

自ら学び、進化していく人工知能の技術が登場

明日の天気は?
雨です
明日雨らしいよ
それって
人工知能が答えてくれてるんだって
人工知能は
・インターネットの検索
・将棋の電王戦
・音声認識サービス
・カメラやSNSの顔認識
・翻訳
・プラントの異常検知
・遺伝子(DNA)の解析
・自動車の自動運転
……など
さまざまな分野で使われています。
人工知能ってロボットのことだと思ってた!!

プログラムにそって答えを出すだけではなく、未来を予測しながら最もよい方法を自分で見つける力があるコンピュータ、それが人工知能（AI）[*1]です。先のことを考え、最適なものを選択する行動は、人間の思考と似ています。

というのも、最新の人工知能は、人間の脳神経回路を電子回路で再現することを目指しているからです（P88参照）。

そのカギとなるのが、大量のデータを分析して学習する「機械学習」と、その一分野である「ディープラーニング」です。

例えば、人間は周りの人を認識

＊1 Artificial Intelligenceの略。

＊2 シナプス：神経細胞の末端で神経細胞間の情報伝達を担っている部分。ニューラルネットワークはシナプスの働きをベースにしたコンピュータシミュレーション用の数理モデル。

機械学習が人工知能を進化させている

ディープラーニングのイメージ

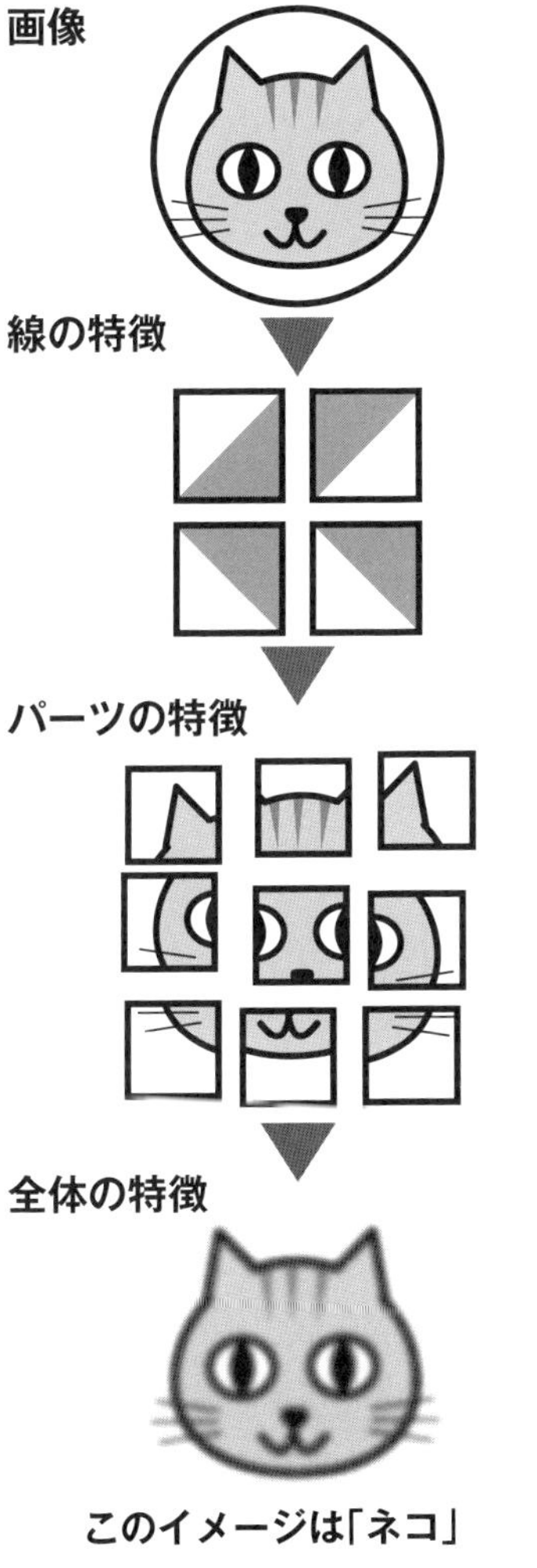

画像
線の特徴
パーツの特徴
全体の特徴
このイメージは「ネコ」

ディープラーニングによる画像認識のイメージ。段階的に特徴を抽出して、全体の特徴を定義する。

機械学習

さまざまな情報をもとにして、コンピュータがルールや知識などを学習する。

ニューラルネットワーク

機械学習の一手法。人間の脳の神経回路をまねたもので、学習によってシナプス[*2]間のつながり度合いを調整し、入力されたデータから正しい予測結果を導き出す手順を見つける。

ディープラーニング

ニューラルネットワークの予測結果を導き出す手順を、何段階も重ねて深くすることで、より効率よく正しい予測結果を導き出す。

する時、視覚や聴覚などを総動員します。最初は顔の輪郭を認識。さらに身長や体格、目つきや声などの細部の情報を収集し、全体を認識し直します。

この過程をコンピュータ上で実現するのが、ディープラーニングです。これにより自動顔認識、音声認識などの技術が身近で利用できるようになっています。

顧客にあわせてムダなくつくる。商品だけでなくサービスも売る製造業へ

製造業からサービス業へ

これまで 商品をつくって売るのがメイン

商品 ＋ **保守**

高品質の商品を製造し販売することに重きが置かれ、販売後は定期点検や、壊れてから原因を調べ、修理するサービスを提供する程度だった。

ビッグデータを活用すると 顧客に商品に関連するサービスも提供できる

商品（センサー付き） ＋ **新しい価値** **データを活用したサービス**

- 故障する前に保守
- 故障後はすぐに原因を特定し、修理
- 業務効率化の提案
- コスト削減の提案

など

使用状況などの商品から得られるデータを活用して、予防保守や迅速な修理も可能に。業務効率化やコスト削減の新しい価値を生み出すこともできる。

モノから生まれるデータによって、製造業のビジネスチャンスが広がっています。IoT《アイオーティー》（P61参照）によって製品からは常にデータが発生し、それを分析することで事業範囲が拡大するからです。事実、製造業からサービス業へと変貌する企業も現れています。

データ分析力があれば、異業種からの参入もあるでしょう。各企業の役割分担の壁が崩れ、産業構造が変わる可能性もあります

工程全体を効率化しつつ顧客の望むものをつくる

データ分析で顧客の嗜好がわか

「部分」ではなく「全体」を最適化

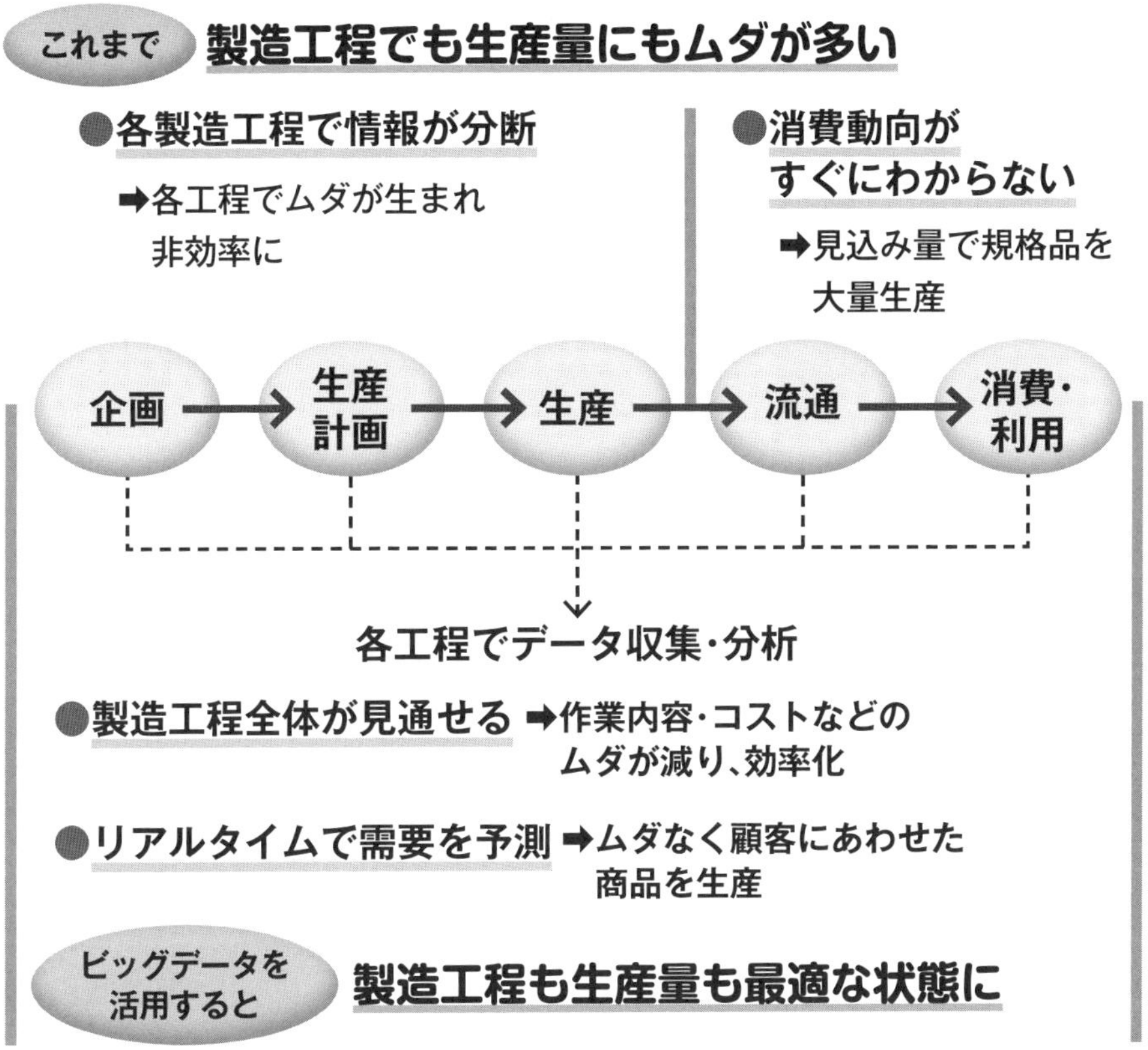
これまで
製造工程でも生産量にもムダが多い
●各製造工程で情報が分断
➡各工程でムダが生まれ非効率に
●消費動向がすぐにわからない
➡見込み量で規格品を大量生産
企画
生産計画
生産
流通
消費・利用
各工程でデータ収集・分析
●製造工程全体が見通せる
➡作業内容・コストなどのムダが減り、効率化
●リアルタイムで需要を予測
➡ムダなく顧客にあわせた商品を生産
ビッグデータを活用すると
製造工程も生産量も最適な状態に

ると、これまでの規格品の大量生産ではなく、顧客1人ひとりに価値を提供できる製品を生み出すにはどうすればよいかという発想が生まれます。

さらに、需要の動向をデータから迅速に把握することで、生産すべき量も正確にリアルタイムで予測が可能です。つまり、データがあれば、商品の企画から材料調達、生産、販売までの流れ全体、いわゆる「バリューチェーン」を見通すことができるのです。

データをもとにバリューチェーン全体を俯瞰《ふかん》し分析することで、ムダを省いた最適な企業活動のあり方も見えてきます。

これからはビッグデータが競争力の源泉です。データによって価値の高い顧客サービスを生み出す時代へと変化しているのです。

ビッグデータ活用例

建設機械稼働管理システム「KOMTRAX」

建設機械の稼働状況をデータで把握し、手厚く顧客をサポート

建設機械で世界第2位を占める小松製作所（コマツ）は、ビッグデータという概念が生まれる前から、データを武器にグローバル経営を成功させてきました。建設機械にセンサーを取り付けて、モノを売るだけでなく、その後のサービスで顧客からの絶大な信頼を得ています。

日本のビッグデータ活用の原点はコマツにあるといっても過言ではありません。その始まりはＫＯＭＴＲＡＸ（コムトラックス）という、建設機械の稼働状況を管理できるシステムでした。これは、世界中で稼働している建設機械に取り付けられた機器から、機械の現在位置や稼働状況などのデータを収集するというものです。

データからは、油圧ショベルの掘削時間や走行時間など、詳細な機械の情報に加え、最新機種ではオペレーターごとの運転状況もわかります。このデータをもとに、コマツの代理店は顧客ごとに燃料費の削減の提案などのきめ細かいフォローアップを行うというソリューションを実践。顧客はデータを生産性の向上や故障防止に役立て、コマツはデータを需要予測や生産計画、商品企画などに活用しています。ＫＯＭＴＲＡＸによって集まるビッグデータによって、バリューチェーン全体が強化されているのです。

さらに進化

稼働状況データから世界中の製品需要の動向予測も

コマツでは世界中の建設機械の稼働状況を定期的に把握し、需要予測や生産管理に役立てている。
稼働率が高い地域・企業では新規需要が発生する可能性が高いため、営業を強化。金融引き締めや公共投資の削減などで稼働率が下がれば、早めに生産を絞って在庫を調整している。

建設機械から集まるデータが新しい価値を生む

データ収集

建設機械に取り付けられたセンサーで位置や稼働状況などを把握

世界中にあるコマツの建設機械から、位置データなどを収集。KOMTRAXの導入台数は2015年3月時点で累計38万台にのぼる。

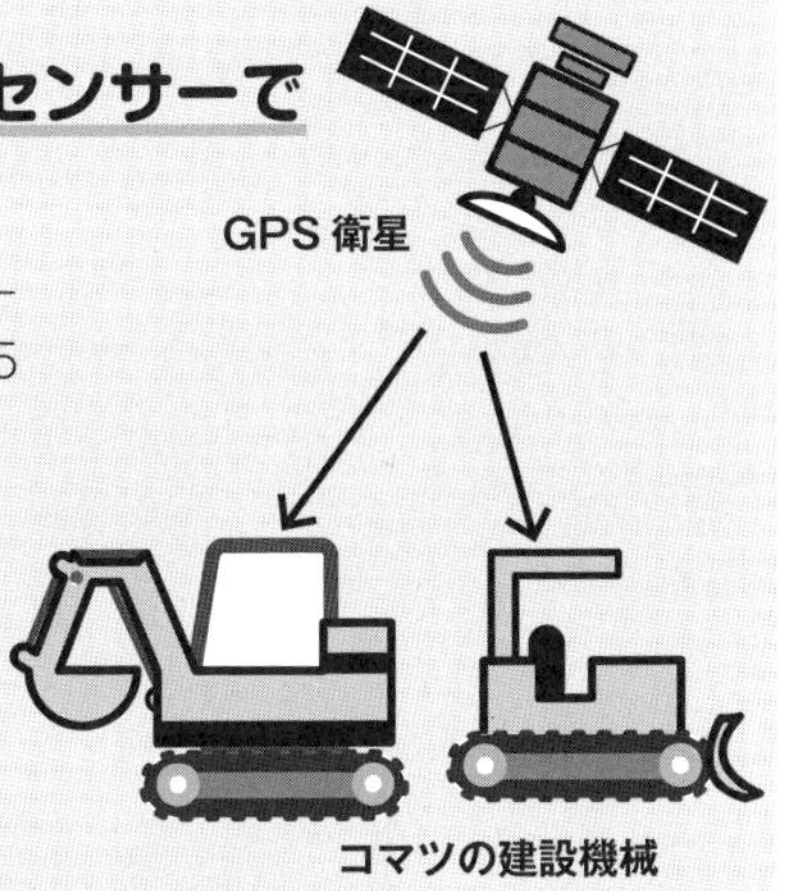

主な収集データ

- 位置データ（GPSデータ）
- 車両の状態を示すデータ
- 機械の異常の有無
- 稼働時間
- 燃料消費量

データ分析

建設機械から集まったデータは、通信衛星回線や携帯電話回線を通じて、サーバーに集積・分析される。

新しい価値

商品開発から生産・稼働・保守までデータを活用

顧客 **コスト削減、生産性向上**

故障や保守による業務の停止が減り，生産性が向上。建設機械の盗難防止にもなる。

コマツ **生産計画、需要の予測**

世界中の建設機械の稼働状況から製品の需要動向が予測できるため、計画的な生産が可能に。

サポート

代理店（保守や販売を担当）

予防的な保守、迅速な修理

点検や部品交換の時期を提案することで、故障を予防できる。故障した際も原因や修理に必要な部品が簡単にわかる。

コスト削減の提案

効率的な配車計画の作成を支援したり、燃費を改善する方法を提案したりできる。

さらに進化

コマツの「スマートコンストラクション」

ドローンで測量、建設機械が自動で施工。建設現場全エリアをデータで掌握する

建設機械の稼働をデータ化するKOMTRAX（P78参照）をベースに、建設機械・現場・人をデータで連携させるのがコマツの「スマートコンストラクション」です。

これは、測量から施工までを一元管理し、基礎工事の大半を自動化する仕組みです。これにより、安全性や人手不足、工期の短縮など、現場が抱えるさまざまな課題の解決につながっています。

例えばドローン（無人航空機、P142参照）を使って測量し、建設機械を連動させることで、経験の浅い人でもベテラン並の施工が短時間で可能になりました。

測量から施工完了までをデータで掌握

データ収集

現況の測量
現場の状況を自動で短時間で高い精度で測量（下の写真参照）。現況の3次元データを作成する。

←

図面を3Dで作成
施工完成図面を3次元データで作成。現況と比較して、施工範囲や形、施工土量などを高い精度で把握する。

←

工事の変動要因の調査
土の質や地下の埋没物などは、工事の進行に影響を与える可能性があるため、事前に調査・解析を行う＊。

写真提供：コマツ

現場の測量には、左の写真のようなドローンや、建設機械の運転席に搭載されたステレオカメラなどを活用。

＊2015年11月現在、サービス開発中。

スマートコンストラクションによる測量から施工完了までの流れ。各段階で収集したデータは、コマツのクラウドシステム（コムコネクト）に蓄積され、利用される。

データ分析

施工計画を提案
測量データや予算、工期などの条件からシミュレーションを行い、施工計画（手順や建設機械の台数など）を提案する。

ICT建機で施工
施工完成図面の３次元データをICT建機に読み込ませ、自動制御で施工。施工の実績や建機の稼働状況などはクラウドに送られ、進捗状況を把握できる。

完成データ活用
施工情報はクラウドに蓄積される。データは施工後の整備や修繕、自然災害時の復旧作業にも活用できる。

自動制御が可能なICT建機

ICT建機とは、GPSや通信機能、センサーなどを備えたブルドーザーや油圧ショベルのこと。位置情報や完成図面データ、建設機械に装着したセンサーをもとに、図面通りの作業を自動で行う。オペレーターは前後左右に建機を操縦するだけで、図面通りに施工できる。

ICTブルドーザー。掘削作業から整地の仕上げまで、施工の全工程でブレードが自動制御される。

労働者不足の解消　安全性の向上を目指す

建設現場では、熟練のオペレーターの高齢化に加え、少子高齢化で労働者が不足しています。しかし、ICT（P24参照）活用で解決の糸口が見えてきました。

人による測量は2人がかりで1日に数百ポイントですが、ドローンを使えば15分程度で数百万ポイントの測量が可能です。施工範囲や形、土の量なども正確に把握でき、適切に計画がたてられます。

また、データに従って建設機械は自動制御されるので、初心者でも複雑な作業ができ、機械の側で作業指示をする人員も不要なので事故も減らせます。建設現場のICT化は、安全やコスト・工期に関わる課題を解決しているのです。

さらに進化

インダストリー4.0と インダストリアル・インターネット

IoTによる新しい産業革命

データによる予測で価値を生む

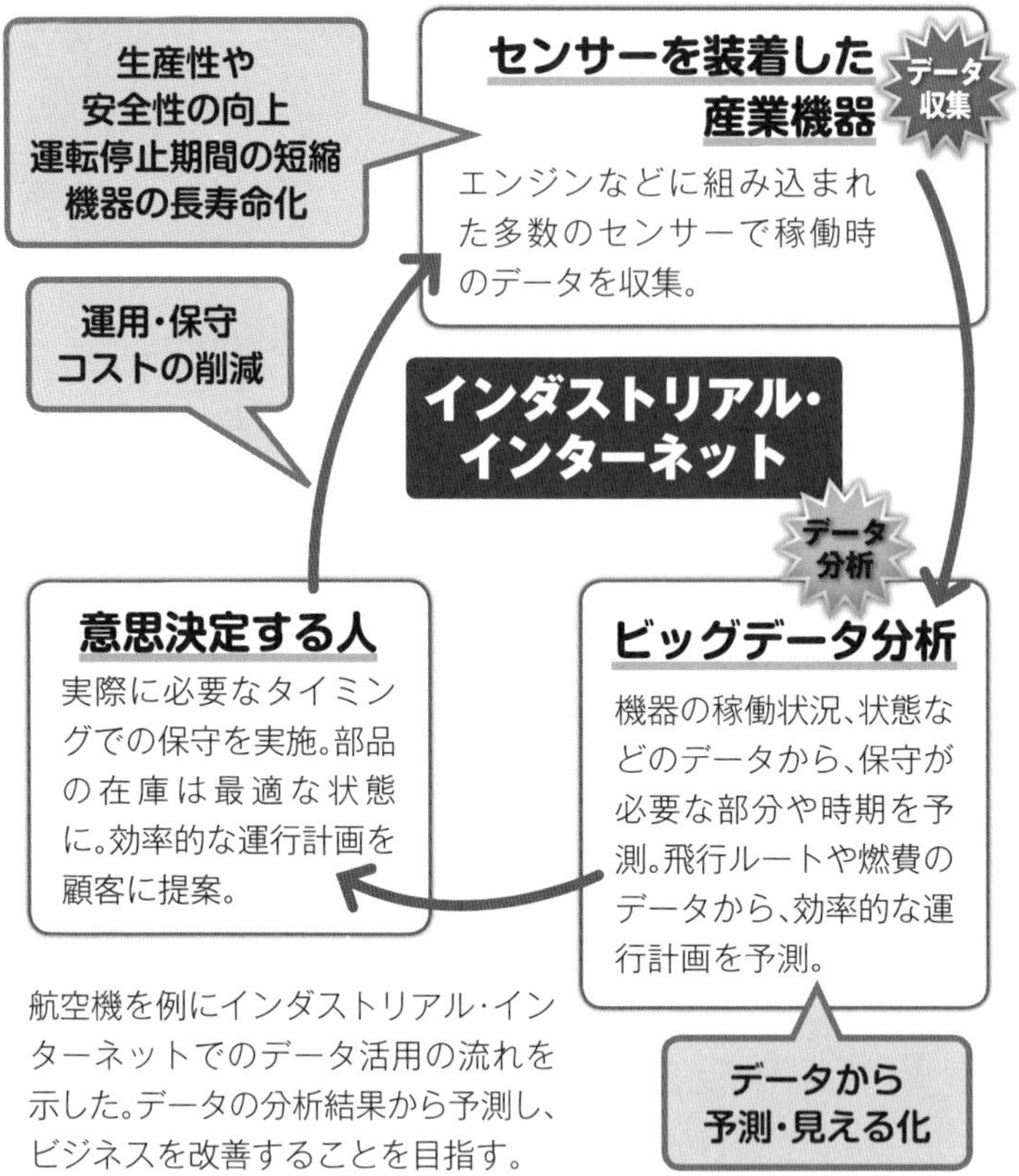
センサーを装着した産業機器
データ収集
エンジンなどに組み込まれた多数のセンサーで稼働時のデータを収集。
生産性や安全性の向上
運転停止期間の短縮
機器の長寿命化
運用・保守コストの削減
インダストリアル・インターネット
データ分析
ビッグデータ分析
機器の稼働状況、状態などのデータから、保守が必要な部分や時期を予測。飛行ルートや燃費のデータから、効率的な運行計画を予測。
意思決定する人
実際に必要なタイミングでの保守を実施。部品の在庫は最適な状態に。効率的な運行計画を顧客に提案。
データから予測・見える化

航空機を例にインダストリアル・インターネットでのデータ活用の流れを示した。データの分析結果から予測し、ビジネスを改善することを目指す。

ドイツでは官民が一体となって「インダストリー4・0」というプロジェクトに取り組み、工場のスマート化を目指しています。設計から性能検査まですべてデジタル化し、生産をシミュレーション。最適な生産ラインの構築から、資材や部品の調達、完成品のチェックまで自動で行います。

アメリカでも、航空機エンジンや医療機器などの事業を展開するコングロマリットであるGEが中心となって「インダストリアル・インターネット」構想が進められています。あらゆる製品から稼働データを収集・分析し、保守管理や製

スマート工場実現を目指すインダストリー4.0

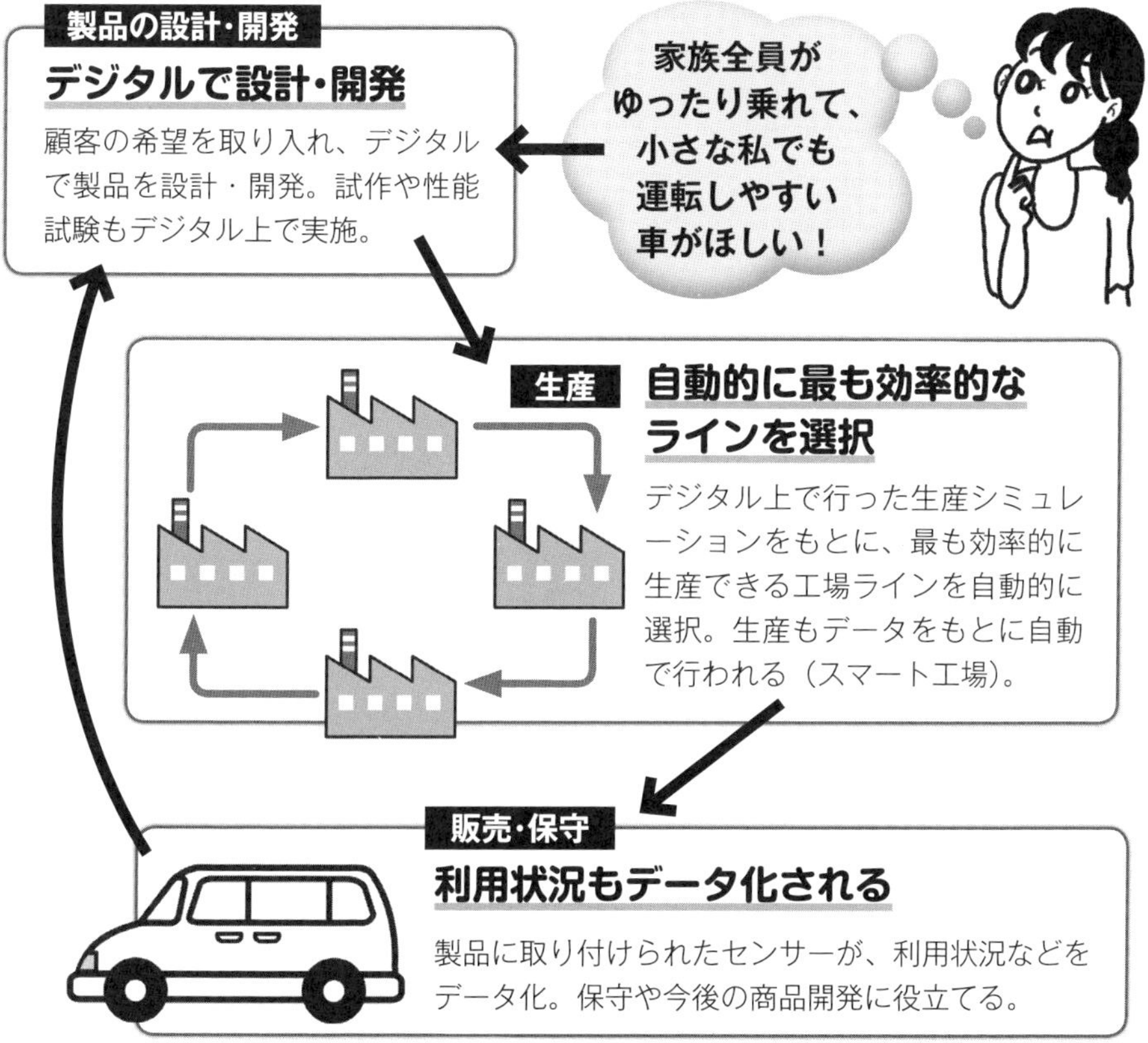

品開発に活かし、さまざまな課題を解決しようとするものです。

企業を超えた情報共有が成功のカギとなる

ドイツやＧＥの取り組みが本当に成功するためには、「モノのインターネット（ＩｏＴ《アイオーティー》、Ｐ61参照）」が社会全体で成熟する必要があります。例えばＧＥは、バリューチェーン全体をＩｏＴで結ぶと、課題をたった１％改善するだけで大きな利益につながるとしています。そのため、インダストリアル・インターネットはシステムをオープンにしてグローバルに企業間の壁をなくそうとしています。

世界中に点在するデータを収集し、情報を共有することで、産業革命ともいえるイノベーションに期待を寄せているのです。

自然に左右されずに農産物を計画的に生産する

日本の農業は高齢化、後継者不足といった問題が山積みですが、政府は２０２０年までに農林水産物・食品の輸出額を１兆円にするということを成長戦略に据えています。この問題を打開するのが、農業のＩＣＴ（Ｐ24参照）化です。

例えば、名人と呼ばれる熟練の生産者の圃場《ほじょう》（農地）にセンサーを取り付け、名人の経験と勘を数値化します。この栽培データをもとに圃場を適切に管理すると、作業が効率化して収量もアップ。また、肥料などのコストがカットできます。これらの試みは各地で行われ、実績をあげ始めています。

農業ビッグデータで食の安全・安定が実現
農　家
利益の出るものをつくる農業へ
農業ICTを導入してビッグデータを活用することで、収穫量の向上、作業の効率化、高品質な作物の安定生産が可能に。コスト削減や収益拡大が見込める。
食の安全が確保できる
どのような工程で生産したか、どのような原材料や農薬を使用したかなどが記録されるため、安心・安全な農産物の生産につながる。
農業
ビッグデータ
・日々の作業実績
・作物の生育情報
・生産コスト
・収益データ
など
国
食の安全を確保し、
国際競争力を強化
食品の安全、環境の保全、労働の安全などについての取り組みを記録、点検することで農業生産活動を改善していくGAP（農業生産工程管理）の実施は、農産物の海外輸出増加には必須。農業ICT導入でGAPに対応しやすくなる。
食の関連企業
（食品加工、卸、
小売、外食など）
安全で安定した品質の
農産物を調達
契約農家から、決められた時期に安定した量・品質・価格で食材を調達することが可能になる。全国何百、何千という契約農家のマネジメントもしやすくなる。

安定した農産物生産が収益拡大・国際競争力強化に

農業をＩＣＴ化するには、圃場に気温や湿度、土の状態などを調べるセンサーを設置します。

収集したデータに、熟練生産者の知識や経験を加えて分析を行うと「どのタイミングで水をまけばよいか」「肥料はどのくらいか」ということがわかります。このように生産過程をデータで管理することで、農産物の安全・安心を確保しながら安定した収量が期待できるのです。

品質のよい農産物の収量が増えれば利益も増えます。価格と収量が安定すれば、農業ＩＣＴ先進国であるオランダのように（Ｐ24参照）、国際競争力も増し、地域経済も潤っていくはずです。

ビッグデータ活用例

農作業を効率化「クボタスマートアグリシステム」

味のわかるコンバインを使って最低限の肥料で最高の米をつくる

トマトやキュウリなどのハウス栽培は、一定の生育条件を保つことが比較的簡単です。オランダの農業のＩＣＴ（Ｐ24参照）化はハウス栽培だからこそ成功しましたが、日本では気象や地形、環境に左右されやすい露地栽培のＩＣＴ化への挑戦が始まっています。

農業機械メーカーのクボタは、２０１４年、次世代農機開発と同時に、主に稲作を対象にした農業支援クラウドサービス「クボタスマートアグリシステム（ＫＳＡＳ《ケーサス》）」を開始しました。これは、センサーを搭載したコンバインが稲を刈る時にモミに関するデータを自動収集し、生産の最適化に役立てるというものです。コンバインでは、収穫量はもちろん、米の味を大きく左右するたんぱく質と水分の含有率も測れ、水分値にあわせてモミを乾燥させることでコストダウンが可能に。たんぱく質の割合ごとに米を選別し、ブランド化して販売することで収入アップも期待できます。

さらに、データをもとに翌年の土づくりや、肥料の分量や配合などの計画がたてられます。ムダな施肥を省いて低コスト化も図れるうえ、おいしい米づくりが計画的にできるようになるのです。実際に、実証実験では単位面積当たりの収穫量が約15％[*1]増えています。

さらに進化

野菜工場で低カリウム野菜を実現

富士通の野菜工場（福島県）ではカリウム含有率が通常の1/5以下のレタス、1/3以下のほうれん草を生産。カリウム摂取制限中の人[*2]も新鮮な生野菜を安心して楽しめるように。苦味が少なくシャキシャキとした食感の低カリウム野菜は、温湿度や養液などをICTで管理したクリーンルームで水耕栽培することで実現した。

＊1 出典：日経BP社「日経コンピュータ」2015年1月8日号
＊2 腎臓病があると、病状によってはカリウムの摂取制限が必要になることがある。

米の味からムダのない計画をたてる

データ収集

農機（コンバイン）

食味・収穫量の確認

コンバインに付いたセンサーで、米を収穫しながら収穫量と米の食味（味わい）に関係するたんぱく質量、水分量のデータを収集する。機械の稼働状況も記録。

農機（トラクター、田植え機）

計画通り土づくり、施肥

データ分析結果から計画した通り、食味がよい米を十分収穫するために必要な量の肥料を農機に設定し、施肥する。機械の稼働状況も記録。

KSAS 対応コンバイン。
写真提供：株式会社クボタ

データ
指示

農機で発生したデータは作業者が持つモバイル端末に送信される。

データ
指示

作業者

モバイル端末経由で農機に作業を指示

管理者がたてた作業計画をもとに、モバイル端末から農機に作業指示を出す。モバイル端末では作業記録もつけられる。

データ

農機から収集したデータや作業記録を、モバイル端末から送信。

サーバー

作業の進捗確認

進捗を確認しながら作業の計画・指示を行う。

田んぼごとの特徴を分析

食味や収集データにもとづいて、田んぼごとの米の品質などを分析。

田んぼごとの施肥計画をたてる

分析結果にもとづき、田んぼごとに来年度の土づくり、肥料の種類・量などの計画をたてる。ムダな施肥を減らせるのでコスト削減につながる。

データ分析

管理者

データ活用によって、よい味の米をつくりながらコスト削減を実現。作業記録はノウハウの蓄積につながる。

現在第３次ＡＩブーム真っ最中

人工知能の歴史

人工知能（ＡＩ）という言葉が初めて使われたのは１９５６年。迷路やパズルを解く技術が脚光を浴びてブームが訪れますが、決まったルールにもとづいた単純なことしかできませんでした。

１９８０年代には、知識をコンピュータに記憶させ、問題解決や推論をさせる「エキスパートシステム」が登場。しかし、知識を入力することの難しさが露呈し、やがて下火になっていきます。

そして今、膨大な情報を糧にコンピュータ自身が賢くなる機械学習（Ｐ74参照）とディープラーニングの発展で、第３次ブームの真っ最中。これまでのＡＩの限界を打破し、多くの分野で実用化が進んでいます。

政府も人工知能を成長戦略の１つに定め、今後10年で１０００億円を投じる方針を示しています。

３つのＡＩブーム

第１次AIブーム（推論・探索）	AIの冬	第２次AIブーム（エキスパートシステム）	AIの冬	第３次 AIブーム（機械学習・ディープラーニング）

1956　AI（人工知能）という言葉が誕生

1970

1980

1997　IBMのコンピュータがチェス世界王者に勝利

2006　ディープラーニングが考案される

2011　IBMの「ワトソン（P130参照）」がクイズ王に勝利

2012　グーグルがコンピュータにネコの顔を認識させる

簡単な問題を推論・探索して解答を出す第１次ブーム、コンピュータに知識を入力するシステムが考案された第２次ブームを経て、現在、第３次のブームを迎えている。

出典：松尾豊『人工知能は人間を超えるか』（KADOKAWA／中経出版、2015年）より作成

第4章

医療も教育もメディアも、カスタマイズドの時代に

医療・教育・情報分野とビッグデータ

BIG DATA

かかってから治療するのではなく かかる前に予防できるようになる

女優のアンジェリーナ・ジョリーさんは、遺伝子検査の結果、遺伝子の傷を修復してがんを抑制する遺伝子「BRCA1」に異常があることがわかりました。そして、将来の乳がんの発症確率は87%、卵巣がんの発症確率は50%とされました。*

このデータに後押しされ、彼女は2013年に乳房を、15年には卵巣と卵管を予防切除します。世界に大きな反響を呼んだこの手術は、病気になる前にリスクを回避する、つまり「治療から予防へ」という医療イノベーションの象徴ともいえる出来事でした。

＊出典：日本経済新聞電子版2015年3月24日記事

治療中心から予防中心の医療へ

これまで

発症してから決まった方法で治療する

発症してしまった病気をできるだけ早期に発見し、これまで多くの人に効果があった方法で治療を行う。

患者は医者から「あなたは××がんです。今の進行度だと治療法は○○です」という形で伝えられる。

ビッグデータを活用すると

発症前に予防策をとる

遺伝子検査や医療関係データから、病気を発症する可能性がわかるように。発症前に予防策をたてることができる。

治療は個人にあった薬を使って

どの治療法や薬が効果的か、遺伝子レベルでわかるように。個人の病状、体質にあったオーダーメイド医療が可能になる。

「あなたの××がん発症確率は○%です。でも、△△の方法で発症を防ぎましょう」と、予防法を伝えられるように。

カスタマイズされた方法でアクティブに病気を予防

　医療分野ではカルテをはじめ、処方箋《せん》やレセプトなど、膨大な情報があります（P140参照）。また、遺伝子の情報も解読されつつあります。これらの情報を共有し分析することで、同じ症状でも個人の症状や体質にあわせた治療が可能になるかもしれません。

　また、脈拍、心拍数、体温などを計測するウェアラブル端末を身につけることで、日々の体調や生活習慣に関するデータを蓄積できるようになっています。その情報を医療データと照らしあわせ、適切な行動をとれば、病気の予防も可能になるでしょう。また、発症後の治療費を省くことで医療費の大幅な抑制が期待されています。

ビッグデータ活用例

だ液を送れば病気のリスクや体質がわかる

ヒトの全遺伝情報であるヒトゲノム（下図参照）は、約30億文字（塩基）から成るビッグデータです。全容はすでに2003年に解明され、実用段階に進んでいます。その1つに病気と遺伝子の関係があります。

病気の発症には、先天的な体質・遺伝と、生活習慣やウイルスなど外部からの要因が関係します。両方が組みあわさって発症する病気が多いのですが、遺伝性の乳がん（P90参照）のように、遺伝子の関わりが大きい病気もあります。遺伝子を調べれば、自分がこのような病気になりやすいかどうかがわかり、発症前に予防を考えることもできるのです。

遺伝子検査を受けるには、これまでは専門の医療機関で高額な検査費用が必要でした。しかし最近では、機器や技術の進化によって、データの解析費用が大幅に低下。インターネットで検査キットを取り寄せてだ液を垂らすだけで遺伝子検査ができるサービスが登場しています。

医療機関で受ける検査とは異なり、あくまでも統計的にその病気にかかりやすいかどうかがわかるというものですが、国内ではインターネット関連企業や化粧品メーカーなどが参入。健康管理や医療費の削減に役立つ新しいビジネスとして注目されています。

DNAと遺伝子、SNP

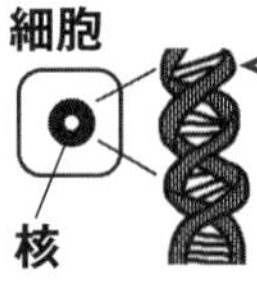

DNA
核の中に存在する、遺伝子の本体。

遺伝子
外見的、身体的特徴などを決める。DNAに含まれる塩基配列などで決まる。

SNP（一塩基多型）
DNA中の1つの塩基が別の塩基に置きかわること。

ヒトゲノムとは、全遺伝情報。いわば人体の設計図。

ヒトゲノム

遺伝情報ビッグデータから発症の可能性を知る

株式会社 DeNA ライフサイエンスの遺伝子検査サービス「MYCODE」の例。だ液を送ると、最大 150 種類の病気の発症リスクと 130 種類の体質の傾向がわかる。

データ収集

だ液を採取

検査キットを購入し、専用容器にだ液を入れて郵送する。

データ分析

SNPパターンを調べる

だ液に含まれる白血球の細胞の DNA を解析。個人差や病気のかかりやすさを左右する SNP のパターンを調べる。

病気のかかりやすさ、体質などがわかる

最新の研究結果をもとに、下記のような特定の病気の発症リスク、体質などがわかる。ここでいう発症リスクとは、同じ遺伝子型を持つ集団の統計的な傾向を示したものであり、健康状態や体質、病気の診断を示すものではない。

がん

胃がん、食道がん、肝臓がん、肺がん、大腸がん、乳がん、子宮頸《けい》がん、前立腺がん、骨肉腫《こつにくしゅ》など。

生活習慣病など

心筋梗塞《こうそく》、脳梗塞、糖尿病、脂質異常症、慢性肝炎、骨粗しょう症、関節リウマチ、アルツハイマー病など。

体質

長生き、肥満、肌質、アルコールへの反応、目の特徴、各種ホルモンの値、味覚など。

生活習慣の改善などで病気を予防

病気の危険度や予防因子を知り、発症リスクを下げるための改善方法を確認。実践して病気の発症予防につなげる。

食事の栄養バランスに注意するようになる人が多い。検査結果を見て、禁煙を始める人も。

ビッグデータ活用例

生活習慣データを蓄積「WM（わたしムーヴ）」

リストバンド型端末で1日の活動を計測。生活習慣を分析して病気を防ぐ

病気の発症は、体質・遺伝のほかに、乱れた食生活や運動不足、不眠などの生活習慣が関係します。生活習慣を改善するには、まずは自分の生活習慣をデータで可視化し、見つめ直すことが大切です。

それには毎日のデータを積み重ね、分析することが必要です。そのサポートをするのが、身につけるだけでさまざまなデータを収集できるウェアラブル端末です。ドコモ・ヘルスケアのリストバンド型活動量計の場合、歩数や睡眠時間などをセンサーが計測。スマートフォンと連携してクラウド上にデータを蓄積します。専用アプリで生活リズムを解析すれば、個々の体内時計にあわせた食事時間を知らせることも可能に。生活習慣の見直しや体調管理につなげることで、病気を予防できるのです。

また、体重体組成計や血圧計、活動量計などから健康データを集積することで、相関関係がわかります。例えば「気温が下がると血圧が高くなる」というよく知られている話も、データで証明されました。[*1] この結果をもとに冬には部屋を暖かくすれば、血圧改善と医療費削減につながります。健康データの集積は、医療に新しい知見を加えたり、新サービスの開発に結び付くと期待されています。

さらに進化

健康関連データと機械学習で糖尿病の発症リスクを予測

富士通では、従業員2万6000人分、過去3年間の健康診断とレセプト、歩数などのバイタルデータから、1年後の糖尿病の発症リスクを予測。その精度は約96%[*2]にもなる。通常使われる糖尿病の判定項目と、それ以外のデータを組みあわせ、機械学習（P74参照）を用いることで、高精度の予測を実現した。

＊1 出典：オムロン ヘルスケア株式会社「にっぽん健康データ2012」
＊2 富士通の実証実験での評価値。

生活習慣をデータとアプリで改善

データ収集

歩数計やウェアラブル端末などから体のデータを収集

- リストバンド型活動量計
- 睡眠計
- 体重体組成計
- 電子体温計
- 活動量計
- 歩数計
- 血圧計

ドコモ・ヘルスケア株式会社の健康プラットフォーム「WM(わたしムーヴ)」に対応する機器で、生活習慣に関わるデータを計測。データはスマホやパソコンに送信する。

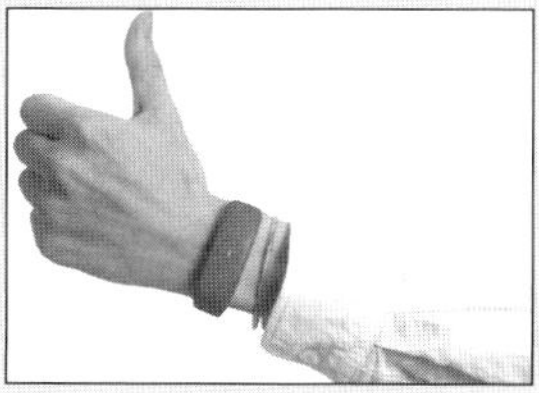

リストバンド（腕時計）型活動量計「ムーヴバンド2」。手首につけるだけで歩数、移動距離、歩行時の消費カロリー、睡眠時間が計測できる。

写真提供:ドコモ・ヘルスケア株式会社

データ分析

体のデータを一元管理

計測したデータをサーバーに送信。蓄積したデータを分析する。分析結果はスマホのアプリやパソコンで確認できる。

アプリで体の状態を確認

わたしムーヴ WM

体重や歩数、睡眠などのデータやライフログ（生活の記録）を保存。データはグラフで表示され、体の状態が把握できる。

生活改善アドバイスを受ける

からだの時計 WM

食事についての入力データから、食事や生活リズム改善法をアドバイス。食生活のプチ改善でマイナス5歳の体を目指す。

生活習慣改善で病気を防ぐ

体の変調を察知

基礎体温や月経周期などから、食事やダイエットについてのアドバイスを提供。体の変調を察知したら婦人科などの受診をすすめる。所定期間内に受診すると見舞金が支払われる。

受診で早期発見

さらに進化　スマートメガネ「JINS MEME」
眼と頭の動きから心と体の状態を可視化

メガネは自分以外（外側）を見るためのものですが、それを反転させ「自分を見る」というコンセプトで開発されたのが「ＪＩＮＳ　ＭＥＭＥ（ジンズ・ミーム）」です。メガネに3点式眼電位センサーや加速度センサーなどを備え、着用者が自覚できない集中度や姿勢などを計測したり、運転中の眠気を推定します。

これまでのウェアラブル端末は、歩数や動きをもとに消費カロリーなどの「量」を計測するものでしたが、ジンズ・ミームでは活動の「質」をも検知します。眼の動きからは眠気や集中度が、頭の動きや傾きからは体の状態がわかるのです。

例えば、眠気を推定してスマートフォン経由で警告すれば、運転中の事故の防止に。眼の動きの変化は認知症などの超早期発見につながるのではないかとされ、機能の開発が進められています。

JINS MEMEの可能性

センサーから得られるデータを利用して、病気の早期診断、仕事の効率アップなど、さまざまな分野への応用が期待されている。

3軸加速度／角速度センサー
3点式眼電位センサー
認知症の早期診断
スポーツの成績アップ・障害防止
集中度が見える
仕事の効率アップ
居眠り運転防止
取得できるデータ
まばたきの回数・スピード・強さ、姿勢のズレ、歩行時の体軸のブレ、歩数、加速度、眠気、集中度など。

写真提供：株式会社ジェイアイエヌ（写真はJINS MEME ESモデル）

オーダーメイド医療

自分にあった薬や治療を遺伝子データから選ぶ

ある病名の診断がつくと、平均的な症例にもとづいた治療が行われます。患者によっては薬があわず、副作用が強く出たり、治療効果に差が出てしまうことはどうしても避けられない問題でした。

しかし、ヒトゲノム解析が進んだことで、遺伝情報のわずかなちがいも治療の効果や副作用に深く関わっていることが明らかになってきました。その研究成果にもとづいて、個々の遺伝情報に応じた治療や投薬を行う「オーダーメイド医療」に向けた動きが活発になっています。

オーダーメイド医療が実用化されれば、治療の副作用で苦しむ人が減るだけでなく、ムダな治療を省くことができ、医療費削減につながります。個々のかかりやすい病気もわかるため、そのリスクを避けて病気を予防するためのライフスタイル提案も可能になります。

日本では、２００３年からオーダーメイド医療の実現プログラムが実施され、10年かけて約20万人分のデータを収集。特定の病気の遺伝情報解析や、薬の臨床研究が進められています。

研究でわかったこと

●病気のかかりやすさ・進行のしやすさ

C型・B型肝炎からの肝がん発症、乳がん・胃がん・大腸がん・関節リウマチ・潰瘍《かいよう》性大腸炎・2型糖尿病・アトピー性皮膚炎などの発症に関連する遺伝子や遺伝子型など。

➡発症の仕組みの解明、予防、治療薬の開発

●薬の効きやすさ、副作用の出やすさ

C型肝炎の治療効果や副作用、乳がんの化学療法後の脱毛、血栓塞栓《けっせんそくせん》症予防に使用する薬の使用量などに関わる遺伝子や遺伝子型など。

➡適切な治療薬の選択や使用量の調整

教育が変わる

動画で学んで授業にのぞむ〝落ちこぼれ〟のいない時代がやってくる

２０２０年度から順次実施予定の次期学習指導要領において小中高校に「アクティブ・ラーニング」の導入が検討されることになりました。文字通り、生徒自身が能動的に参加し学ぶ教育手法です。

子どもたちが社会で活躍するころには、技術革新はさらに進み、社会構造や仕事のあり方も大きく変わります。そのなかで生き抜いていくには、学んだ知識を活用して実生活のなかで他者と協働しつつ、自ら課題を発見、解決する能力を習得しなければなりません。

アクティブ・ラーニングは、そのために最適な学習方法なのです。

“授業”と“宿題”の役割が反転する

これまで

授業で教わった内容を宿題で確かめる

教師がカリキュラムにそって、一方的に授業を進める。生徒は家で授業内容を宿題で確かめる。

ビッグデータを活用すると

自宅で動画を使って学習。授業では演習を行う

自宅では動画を使って自分のペースで学習し、授業で確かめる（反転授業）。教師は生徒それぞれの進捗や理解度にあわせて指導。授業ではグループでディスカッションなどを行い、学習内容を深めることも（協調学習）。

家では動画で学び、授業で確かめる反転授業

アクティブ・ラーニングのなかでも特に注目されるのが、ＩＣＴを活用した「反転授業」です。

これまでの学校の授業は、教師の講義を聞いて教わるのが中心でした。反転授業では、事前に講義の動画を見て学ぶことが宿題に。授業ではその内容をもとにディスカッションを行ったり、応用問題を解いて学びを深めます。

生徒はわかるまで学習に取り組むことができ、教師は動画視聴データをもとに1人ひとりの生徒によりきめ細かな対応ができます。その結果、授業の場でチームワークやコミュニケーション能力を習得でき、さらには、〝落ちこぼれ〟がいなくなるのです。

ビッグデータ
活用例

学習用のユーチューブ動画が学校の授業のスタイルを変えた

無料で学べる「カーンアカデミー」

注目を集めている「反転授業（Ｐ99参照）」登場のきっかけとなったのが、２００６年に設立されたカーンアカデミーが提供する、ユーチューブ（Ｐ34参照）の無料教育コンテンツです。これは、ヘッジファンドに勤務していたサルマン・カーン氏が、遠方に住む小学生のいとこに算数を教えるため、学習用の動画をつくったのが始まりでした。

カーン氏は「直接教えてもらうよりも、動画で教えてもらうほうがいい」といういとこの言葉に驚きます。一時停止したり、戻ったりなど、動画ならではの機能を使って、自分のペースで勉強できることがよかったのです。カーン氏は、映像コンテンツの可能性を見いだします。

教材の動画は全世界で視聴され、学校の授業でも利用されるようになりました。視聴データから到達度をチェックできる機能があり、つまずいたところが一目瞭然なので、教師の指導ツールとしても役立てられています。

２０１０年にはグーグルやビル&メリンダ・ゲイツ財団などから巨額の寄付や出資が舞い込み、大きく発展します。算数以外にも数学・物理・化学・経済・芸術と多様な分野に広がり、動画の本数は５０００本超。利用する生徒数は１か月に１０００万人を超えるとされています。

キーワード

MOOC（ムーク）

MOOCとは、Massive Open Online Coursesの頭文字をとった言葉。「大規模でオープンなオンライン講座」という意味で、大学レベルの講義をインターネットを通じて誰でも受講できる。
実際の講義のようにスケジュール化されており、定期的にテストやレポート提出もある。コースを修了すると「修了証」がもらえる。アメリカから広まり、日本でもサービスが始まっている。

●カーンアカデミーのホームページ：https://www.khanacademy.org/

動画学習で生徒と教師の交流が深まる

生徒

家

データ収集

動画で学ぶ

授業までにYouTube《ユーチューブ》動画で学習する。動画は1本10分程度。わからないところがあれば、巻き戻したり、止めたりしながら、自分のペースで学べる。

わかるまでくり返す

1段階理解したら、難易度の高い次の段階に進むことができる。具体的には、練習問題を10問続けて正解し、完全に理解できてはじめて、次の段階に進める。

学校

問題を解く

動画で学んだ内容をもとに、授業では演習に取り組み、理解できているかどうかを確認する。

生徒どうしで教えあう

ある単元でつまずいて先に進めない生徒と、すでに理解した生徒が教えあうことで、理解を深めることができる。

教師

データ分析

授業以外

理解度・進捗をデータでチェック

生徒それぞれの毎日の勉強時間、見ている動画、一時停止した部分、見るのをやめた動画、練習問題の進捗、解答にかかった時間などを確認できる。

授業

つまずいている生徒をフォロー

理解度や進捗のデータをもとに、授業ではつまずいている生徒を中心にフォロー。生徒どうしで教えあえるよう組みあわせを考える。

動画視聴や練習問題解答にかかわるデータで、教師には生徒の様子が手にとるようにわかる。

見たい時に見たいものを自分で選んで見る

最近テレビ
見なくなったなぁ……
ニュースはスマホの
アプリで
読んじゃうし
動画はユーチューブで
見るし
テレビも
スマホで
つぶやきながら
見るな

その変化も
ビッグデータ時代に
象徴的なんですよ
●コンテンツから
選んで見る
コレ!
●アプリで自分にあったニュースを読む
巨人戦速報
お!
どうなったかな!!
ふむふむ…
家事
テクニック
●交流しながら
テレビを見る
倍返しキター
半沢直樹面白い!
専務の顔!
激おこ!
やられたらやり返す!

ニュースなどの情報やドラマなどの娯楽は、テレビの前に座って見ることが当たり前でした。しかし、動画サイトの利用やインターネットテレビの普及で、メディアの利用方法が変化しています。

例えば、ニュースや流行の話題はパソコンやスマートフォンからＳＮＳやニュースサイトを通じて、映画やドラマはオンライン配信で放送時間にしばられずに見ることができるようになりました。

インターネットを通じたメディア利用のスマート化、ソーシャル化が進み、利用に関するビッグデータが生成されるようになりました。ジャーナリズムやコンテンツ制作も、データを解析することでより視聴者の視点に立つことが求められ、メディアのあり方が大きく変化しています。

ビッグデータが起こすメディアの変化

膨大なライブラリーから オススメしてもらって楽しむ

CD や DVD を購入したり、テレビ局が決めた時間に放送する番組を楽しむのではなく、音楽や映画、テレビ番組などの膨大なコンテンツデータから、必要に応じて選んで楽しむことができるように。

↓ 影響

ラジオやCDショップ、テレビ、ビデオ・DVDレンタルサービス

専門的な情報を専門家が発信、専門家が見る

アニメや映画、囲碁や将棋、スポーツなどの特定の分野の情報や、専門的な学問の情報を、ブログや SNS、動画などを通じてさまざまな人々が発信。特定の分野の専門家が発信するコンテンツなどもあり、より深い情報が集まる。

↓ 影響

さまざまなコンテンツビジネス

キュレーションサービスで 情報をオススメしてもらう

キュレーションとは、情報やコンテンツを収集して整理する、またその整理した情報に新しい価値を持たせて共有すること。インターネットの普及で爆発的に増えた情報を、人手やアルゴリズム（計算手法）を用いて整理するサービスが数多く登場している。

↓ 影響

新聞や専門誌、テレビ

さらに進化

76世代が50歳を迎える 10年後に大変革が起こる!?

76世代とはインターネットの黎明期に大学生だった人たち。社会が大きく変わり始めたインパクトを直接体験したため、ネットに対して柔軟に発想できる。その世代が10年後に意思決定権を持つ50代となる。すると、ネットが時代を変えたように、過去の因習にとらわれない発想で大変革が起こるかもしれない。

ビッグデータ活用例

ビデオ・オンデマンドサービス

膨大なコンテンツとオススメ機能でテレビの楽しみ方を変える

映画やドラマの視聴スタイルが、インターネットによる「ビデオ・オンデマンド」サービスによって大きく変わろうとしています。その理由は、衛星放送などと比べて低価格で、いつでも好きな時に映像コンテンツを楽しめること。ハリウッドスタイルで資金をかけた、良質の独自制作番組も人気を後押ししています。アメリカ発のサービスが中心ですが、その代表格が、世界で６５００万人もが利用する「ネットフリックス」です。

ネットフリックスが多くの利用者に支持される大きな理由は、個々の好みに応じて作品を紹介してくれる「オススメ機能」があるからでしょう。ネットフリックスの作品は、監督や出演者・制作者・制作国・公開年代・受賞歴といった基本情報はもちろん、ジャンルやストーリー展開、舞台となる場所などで細かく分類されています。また、ユーザーの視聴動向も分析しており、両者をひも付けすることで１人ひとりのユーザー別に最適な作品を高精度にオススメできるのです。その効果は抜群で、ユーザーの75%がオススメによって視聴しているほどです*。

その効果は売上高などにも現れており、２０１４年には売上高55億500万ドル、純利益は２億６６７９万ドルにも達しています。

キーワード　スマートテレビ

従来のテレビにインターネットやパソコンの機能を加えた多機能テレビのこと。映画やドラマのオンデマンド視聴をしたり、スマホのようにアプリを追加してゲームなどを楽しんだりすることができる。
自分の好みにあった番組のオススメを受け取ったり、スマホをリモコンとして使えたり、災害時に緊急放送や情報を受信できたりなど、さまざまな機能の開発が期待されている。

●ネットフリックス（NETFLIX）のホームページ（日本語）：https://www.netflix.com/jp/
＊出典：日経トレンディネット「日本は世界でも特殊な国？　動画配信サービス『ネットフリックス』の日本展開戦略を探る」2015年8月17日

いつでも、どこでも、見たいものが見られる

利用者

番組を視聴する

映画やドラマなどのコンテンツから、自分の見たいものを選んで、見たいタイミングで視聴する。利用料金は月額650円から（日本の場合、税抜）。

スマートテレビ、スマホやタブレット、パソコン、ゲーム機など、インターネット接続ができるさまざまなデバイス（機器）で視聴できる。

データ収集

視聴履歴データを収集

「何のコンテンツを、どのデバイスで、いつ、どれくらいの時間見たか」などの視聴履歴や、検索履歴などのデータを収集する。

データ分析

個人個人にあったコンテンツをオススメする

6500万人を超えるユーザーや、個人それぞれの視聴履歴データをもとに、オススメのコンテンツを表示。

ネットフリックス

膨大なコンテンツを提供

映画やドラマなどの映像作品を配信。ドラマやドキュメンタリーのオリジナル作品も制作、配信している。

さらに進化

データをもとに確実にヒットするドラマを制作

ネットフリックスが100億円かけて制作したドラマ『ハウス・オブ・カード　野望の階段』が大ヒット、エミー賞を受賞した。どんな大作でもハズレることもあるのが業界の常識だが、ネットフリックスには勝算があった。加入者の膨大な視聴データから「デヴィット・フィンチャー監督作品は最後まで見る人が多い」「ケヴィン・スペイシー出演作は人気が高い」などの情報を得て制作陣・キャストを決定。〝13話一挙配信〟も話題になった。

ビッグデータ活用例

ニュースまとめアプリ「グノシー」

自分が興味を持ちそうなニュースを人工知能が選んでくれる

インターネット上に情報があふれる現代、自分にとって有益な情報を見極めるのは大変です。そんな悩みを解決したのが、ニュースのキュレーションサービスです。

その1つ、「グノシー」では、SNS（P34参照）と連携する設定をしておくと、個々のユーザーがどんな記事を見て、何に興味があるかを人工知能の技術で学習。幅広いジャンルから好みにあったニュースを選んで、スマートフォンのアプリに配信します。

すでにアプリは1000万ダウンロードを突破し、イギリス、アメリカなどでも利用されています。

SNS情報とニュースからキュレーション

データ収集

個人の興味・関心

ツイッターやフェイスブック上での行動や、グノシー上での記事閲覧履歴から、個人の興味を読み取る。

ニュース

新聞社、出版社、Webニュースをはじめ、300以上の提携メディアの記事や、ブログの情報を使用。分野はエンタメやスポーツ、経済、国際、政治など幅広い。

データ分析

人工知能の技術で分析

機械学習（P74）によって個人の興味・関心を分析・学習する。

利用者の興味にあったニュースを表示

利用者それぞれの興味にあった記事をスマホのアプリに配信する。また、世間で話題になっているニュースがカテゴリ別に配信される。

利用者によって個人ページの表示内容は異なる。

©Gunosy

●グノシーのホームページ:http://gunosy.com/

さらに進化

ジャーナリズム

SNSや人工知能が報道の現場を変える

ツイッターの投稿が災害時の報道空白地域を埋める

東日本大震災発生時、多くのメディアが被災地に駆けつけました。しかし、後に放送された地名や施設名を地図に記すと、報道空白地域が浮かび上がりました。

その一方、多くの人たちがブログやツイッターで災害の様子の写真や動画を発信。ツイッターを通じた災害状況報告を分析すると、報道空白地域を埋めるように分布していました。これにより、報道側がＳＮＳを分析し、緊急性の高い場所を特定して報道することで、速やかな救援に結び付くと考えられます。

災害時にＳＮＳ情報などを分析して幅広い報道につなげるために、ＮＨＫでは報道とＳＮＳを連携させる「ソルト(Social Listening Team)」を設立。ネットから得た一報を報道につなげる取り組みが行われています。

人工知能が記事を書き、小説を生み出す

アメリカのＡＰ通信では、アメリカ企業の決算を伝える300字以下の原稿を「ロボット記者」が執筆しています。ロボット記者の導入で、１四半期に約300社分だった記事数は10倍以上に増加。人間は単純作業から解放され、人間にしかできない仕事に集中できるようになりました。

文学賞に挑戦する人工知能も登場しています。現段階では長文を違和感なく生成できないため、人間との共著でショートショートを作成し、文学賞に応募しています。データを蓄積することで、２０３０年ごろには長い小説も書けるようになるのではないかと考えられています。

消費データをすぐに分析して経済動向を細かく・すばやく把握する

ビッグデータ活用例

東大日次物価指数
毎日の物価動向を見える化する

データ収集

全国のスーパーマーケットのPOSデータ

全国約300店舗のスーパーマーケットから収集したPOSデータを使用。対象商品は食品（生鮮食料品は対象外）、飲料、家庭用品など20万点以上。

↓

データ分析

全データをすぐに分析

高い精度の指数
対象としている商品すべての販売価格、数量を分析対象とすることで、高い精度で売れ筋商品が把握できる。

毎日、情報提供
購買が行われた翌々日までにデータを収集・分析し、物価指数を毎日発表する。

↓

新しい価値

- 景気、為替レート、気候などの物価への影響が正確に・すぐにわかる
- 経済政策の効果や危険度をモニターできる
- 製品の価格決定の材料にできる

私たちは毎日、何かしら消費しています。その時に必要な支出は、ものの値段の変動に従って変わります。この比率を表したのが、1か月に1回、総務省が発表する「消費者物価指数」です。

〝経済の体温計〟と呼ばれる消費者物価指数がより迅速に公表されれば、物価の〝健康管理〟に役立つはずです。そこで、全国のスーパーのPOSデータ（P19参照）を毎日集計し、生活実態に即した指数を発表しているのが「東大日次物価指数」です。物価が翌々日に反映されるので、ものの価値の変動が実感できます。

＊Tポイント：共通ポイントサービス（P48参照）の1つ。

東大日次物価指数は、スーパーのPOSデータをもとに毎日公表される。月1回総務省統計局が作成・公表する消費者物価指数（CPI）に比べ、公表までのタイムラグが短い。

東日本大震災前後の物価指数の変化

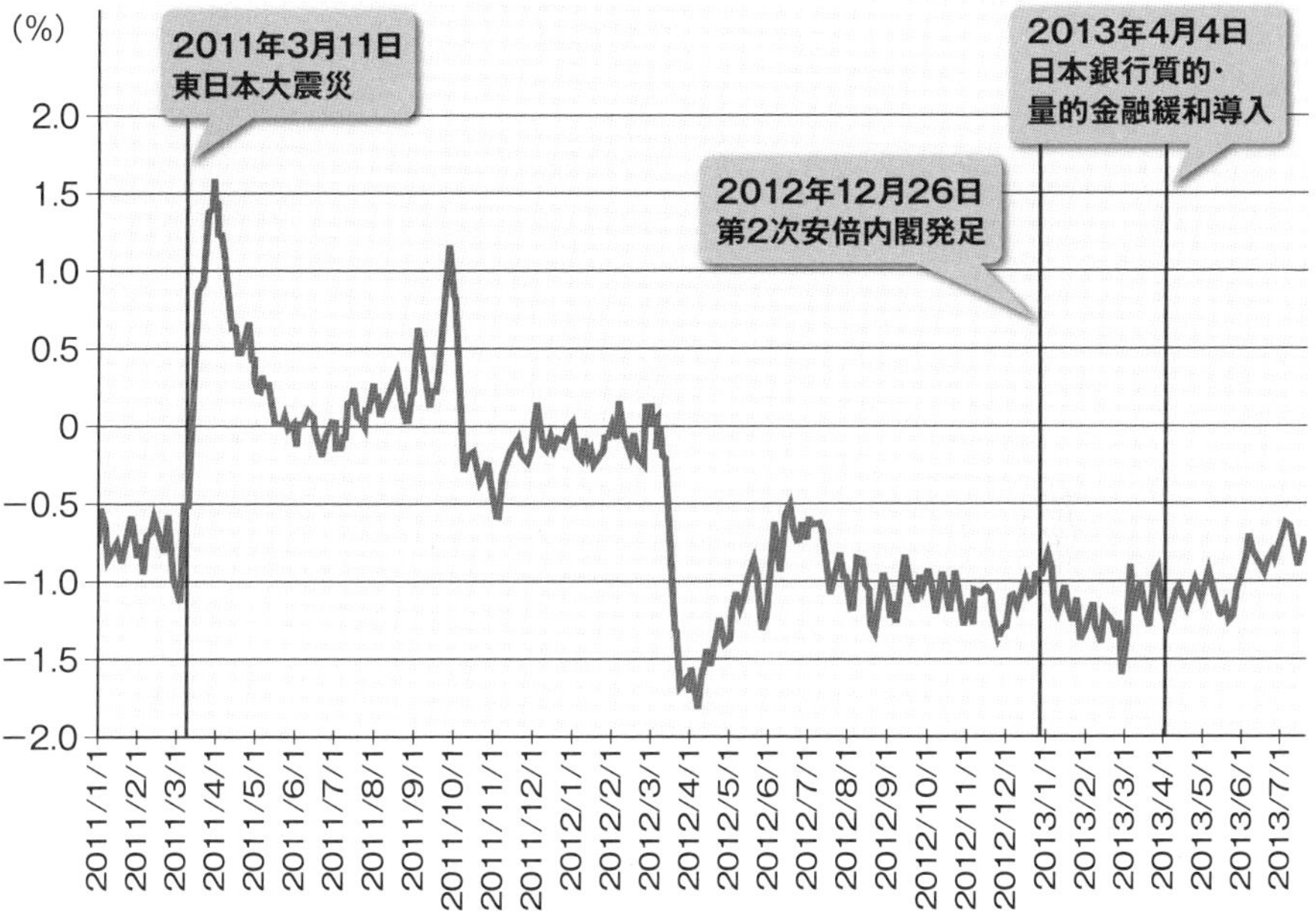

出典：「東大日次物価指数プロジェクト」ホームページ

東日本大震災発生直前、東大物価指数はマイナス0.7%程度のデフレの状態。地震の発生後は、ミネラルウォーターや食料の需要が急速に高まり、指数は約1.5%に急上昇した。

さらに進化

スマホで店舗の棚を撮影。リアルタイムで物価がわかる

アメリカのプレミスは、アメリカやインド、ナイジェリア、中国など世界30か国、約200市町村のスタッフがスマホで撮影した店舗の商品棚の写真と、ネット店舗の価格からリアルタイムに物価データを更新。企業や投資家に利用されるほか、インフレ発生予測や食品価格急騰の察知も可能になっている。

この指数を、Tポイント*と連携させる取り組みも開始。会員の性別や年齢とリンクさせた物価変動の指数は、データに新たな価値を付与します。

キーワード

フィンテック

金融とICTの融合で新サービスを生み出す

セキュリティ面など、高い運用レベルが要求される金融業界では、ＩＣＴ（Ｐ24参照）を活用した新しいタイプのサービス開発が遅れていました。２００８年秋のリーマン・ショック以降、投資家やトレーダーたちがＩＣＴに着目。新たな金融サービスが動き始めました。

この動きは「ファイナンス（金融）」と「テクノロジー（技術）」をあわせて「フィンテック」と呼ばれています。発祥の地アメリカでは、ペイパルのインターネット決済、複数のカードを1台のカード型端末で利用できるコインの決済サービス、ネットを介して資金を借りたい人と貸したい投資家を結び付けるレンディングクラブなど、金融機関が独占してきた業務にベンチャー企業が参入しています。

こうした流れは、技術開発のコストダウンに加え、誰もがスマートフォンを持つようになったことも一因です。パソコンに匹敵する端末の普及で個人向けにサービス展開がしやすくなったのです。

日本では金融に対する規制が厳しく、欧米と比べて出遅れています。金融庁は１９９８年の規制緩和以来17年ぶりに銀行規制を緩和し、電子商取引やスマートフォン決済事業を運営できるよう、環境整備に乗り出しています。

フィンテックの例

- スマートフォンを
クレジットカード決済端末に
- ネット通販サイトで
クレジットカード決済
- 家計簿アプリで個人資産を管理
- クラウドで使える会計ソフト
- インターネットで小口融資

日本でのフィンテックのサービス例。主にICT企業がサービスを提供。

第5章

事故や事件を未然に防ぐ

生活を守るビッグデータ

BIG DATA

社会問題を解決する

公共インフラ、防災・防犯にもビッグデータが活躍する

急速に進む少子高齢化と、それに伴う医療費の急増や労働人口の減少。道路や橋梁《きょうりょう》などの社会インフラの老朽化や、効率的で安定したエネルギー供給源の確保、増加する大規模な自然災害……。

日本は今、多くの課題を抱えており、まさに〝課題先進国〟というべき状況です。さらに、課題解決にあてられる財源は、決して豊富とはいえません。

ビッグデータは社会問題解決にも力を発揮します。社会にまつわるデータを集積、分析することで、低コストでかつ最適な解決策を見いだすことができるのです。

ビッグデータがスマートな街をつくる

下記にあげた社会問題に関わる分野に加え、産業分野でのデータ活用が進むことで、より進化したスマートコミュニティが可能になる。

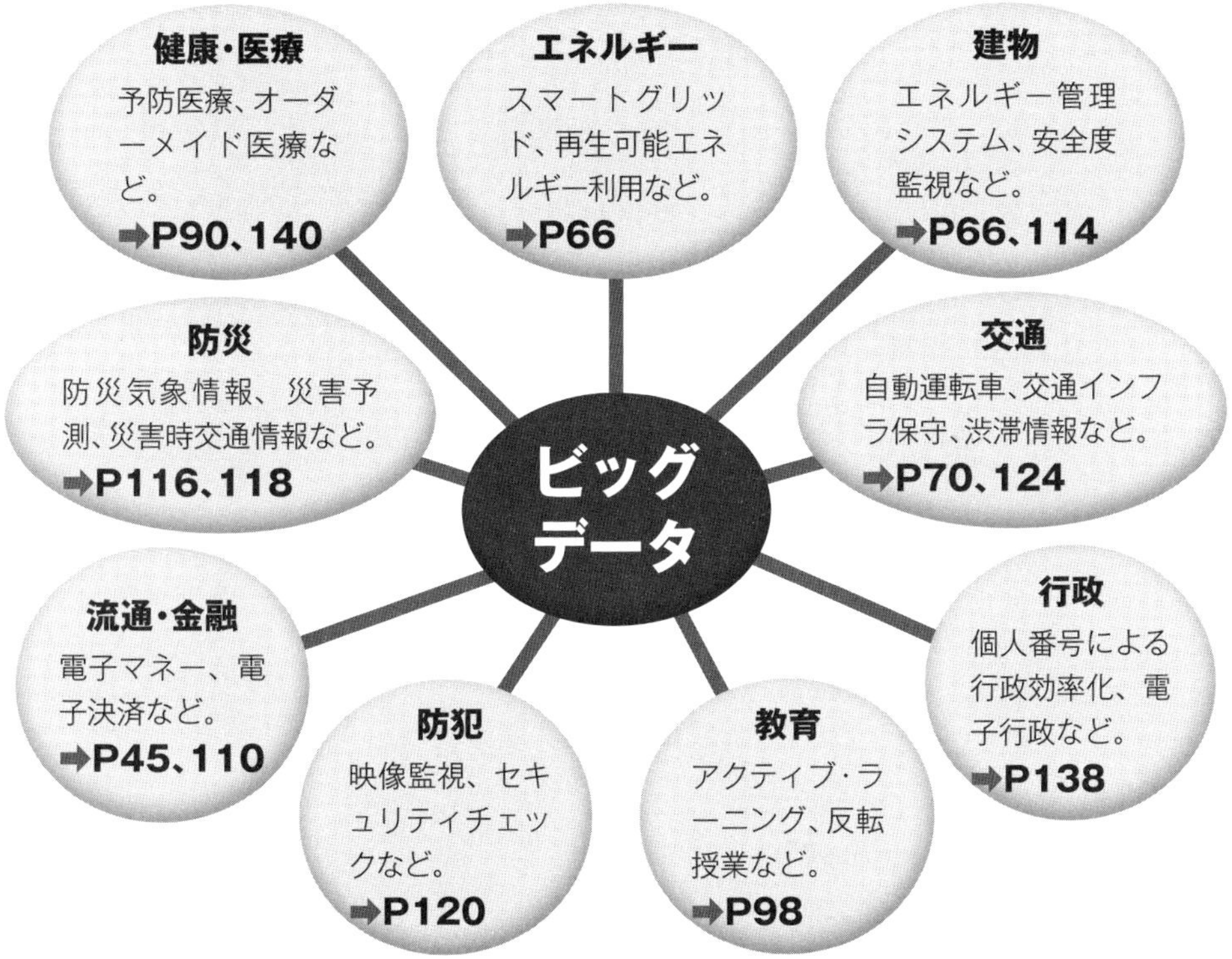

ビッグデータ活用でスマートコミュニティが進化

多数のセンサーで橋の安全性を確保する取り組み（P70参照）は、その一例です。

インフラとICT（P24参照）の融合で「街」の機能を最適化し、社会問題を解決すること。これこそがスマートな街、すなわちスマートコミュニティのあるべき姿です。

現段階では、スマートコミュニティというと、エネルギーの効率利用ばかりが注目を集めています。しかし今後は、あらゆるモノからデータが発信され、集積したビッグデータが人工知能によって解析されるようになります。その結果、さらに広い分野でよりきめ細かく効率化された「超スマート社会」が到来するのです。

ビッグデータ活用例

建物の安全を守る

各階に設置されたセンサーで地震後の建物の安全度をチェックする

30年以内に70％程度の確率で、マグニチュード7程度の直下型地震が首都圏を襲うと予測されています。これに対し政府は、首都圏での建物の耐震化や火災対策などを行うとともに、ＩＣＴ（Ｐ24参照）の積極活用を計画。２０２０年度までに「国内の重要インフラ・老朽化インフラの20％についてセンサーなどの活用による点検・補修を行う」と明言しています＊。

センサー活用の1つに、建築物の耐性を診断する「構造ヘルスモニタリング」があります。従来は目視で推定していた柱や梁《はり》、外壁などの変形やひび割れなどの現象を、センサーを用いて可視化するものです。センサーの性能が向上し、廉価になったことで利用が今後増えるでしょう。

この技術を用いた建物安全度判定サポートシステム「揺れモニ」では、建築物に加速度センサーなどを設置して構造物のひずみや振動、劣化状況などをセンサーで計測。異常の検知や、地震発生時の構造体の損傷や劣化部位の予測を行い、建物のリスクを「見える化」します。

高度成長期に建てられた首都圏の建物は老朽化が進んでいます。地震で倒壊すれば大惨事になり、経済活動もストップします。経験や統計的判断ではなく、データから危険を予測し安全を守る技術の普及が急がれます。

さらに進化

インフラ保守に使う水道の流量計を高齢者の見守りに応用

クオリカは、ライフラインである水道の利用量をモニタリングすることで、高齢者の安否を含めた生活リズムを把握する見守りシステムを構築。集積したデータを分析することで、「トイレ回数が増加したら糖尿病」「１日に何度も入浴していれば認知症」など、疑わしい病名の推定にも役立てている。

＊出典：「世界最先端IT国家創造宣言」（平成27年６月30日閣議決定）

加速度センサーでビルの状態をすぐに把握

株式会社 NTT ファシリティーズの「揺れモニ」の仕組み。

●通常時

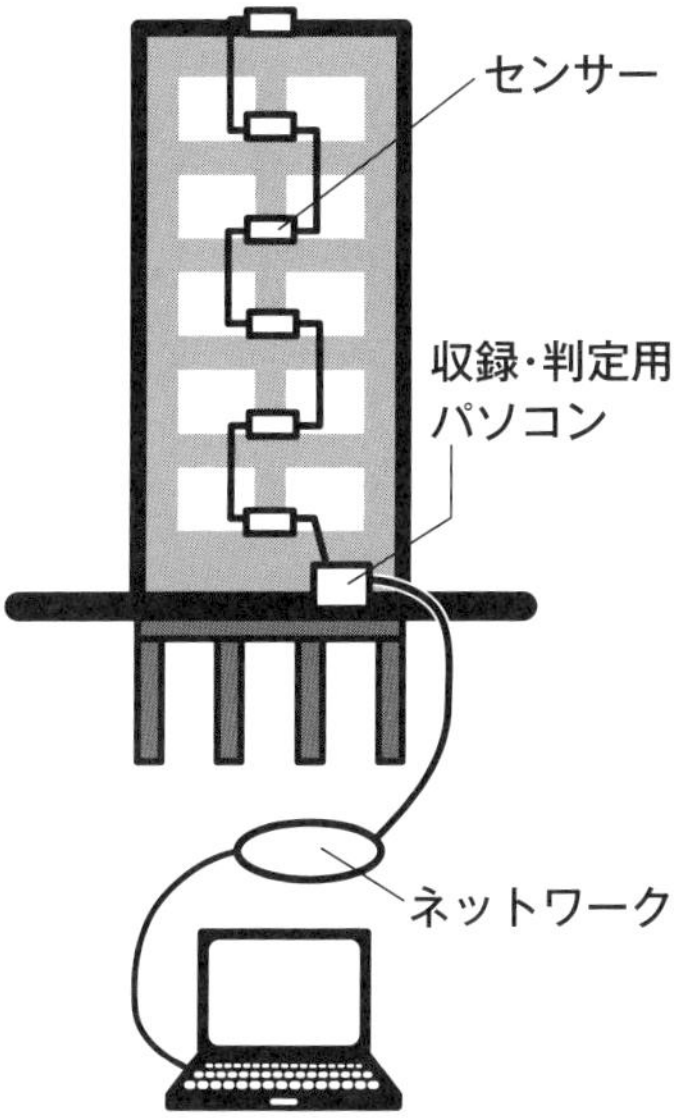

原則各階に加速度センサーを設置、ネットワークを通じて遠隔で常に監視する。

●地震発生時

データ収集　ビルの変化をすぐに検知

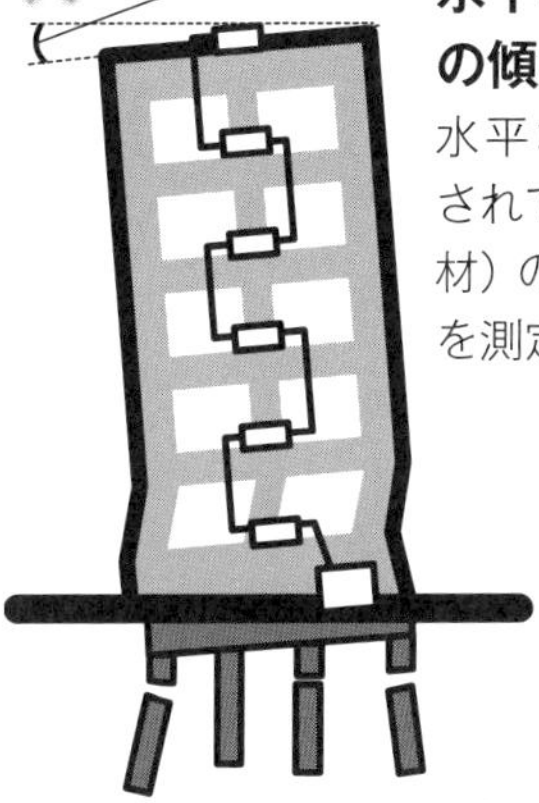

水平な部品の傾斜
水平な状態で使用されている部品（部材）の傾斜の大きさを測定する。

建物の揺れの周期
建物の固有周期（建物が１往復揺れるのにかかる時間）に変化があったかどうかを測定。

水平方向の変形の角度
各階の床どうしが水平方向にどの程度変形したか（層間変形角）を測定。

データ分析

判定メッセージの例

- この建物は安全です。通常通り執務が可能です。
- ○階が損傷しています。状況を見て避難してください。
- この建物は危険です。全員至急避難してください。

地震直後　ビルの状態と避難が必要かどうかをお知らせ

ビルが安全な状態かどうか、その後避難をしたほうがよいかどうかを、地震発生後すぐに分析し、ビルの管理者などに伝える。

後日　ビルの破損の程度を短期間でチェック

建物の安全度や破損の有無などを調査。従来、一般的な10階建ての建物では調査に約200万円、約30日かかったが、揺れモニの設置で追加費用は0円、最大1日で調査可能に。

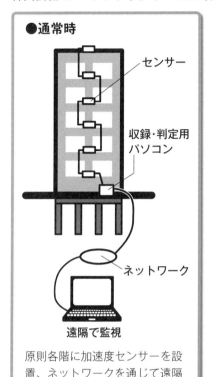

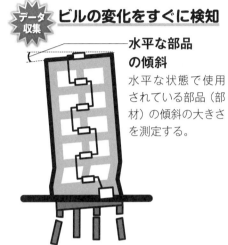

ビッグデータ活用例

防災・災害時にIoTを活用する

携帯電話や車からのデータが災害時にとるべき行動を教えてくれる

携帯電話で帰宅困難者数を推計

株式会社NTTドコモの「モバイル空間統計」のデータを利用して、埼玉県は首都直下地震を想定した帰宅困難者数を推計。帰宅困難者対策に活用されている。

データ収集

携帯電話の位置情報を収集

携帯電話の位置情報や利用者の居住地情報などを収集。平日、休日、朝・昼・夕の時間帯ごとに調査した。

データ分析

災害時の帰宅困難者数を推計

- **埼玉県内：74万7000人**
- **主要5駅周辺：8万2000人**
- **県外にいる県民数：136万人**

平日昼12時の帰宅困難者数や県外の県民数の推計。帰宅困難者の県内の分布、徒歩帰宅する人数、通過地や時間ごとの通過人数などが明らかに。

- **食料、飲料水、毛布などの備蓄必要量の精査**
- **一時滞在施設の必要数精査・確保**
- **徒歩帰宅ルートの整備、迂回路の設定**

出典：埼玉県 県政ニュース（2013年4月2日）

東日本大震災時には交通機関がマヒし、大勢の帰宅困難者が発生しました。これを教訓に、埼玉県では「モバイル空間統計」を活用して対策に乗り出しました。

これは、携帯電話の基地局から取得した契約者の位置データを、性別、年代別などで統計的に処理し、各地域の携帯電話の普及率を考慮しながら、その時々・その場所の人口を推計するものです。

埼玉県は、このデータにもとづいて県内の帰宅困難者数を調査。混雑地域での行動規範の策定や、混乱回避の誘導策など具体的な協議を進めています。

車の走行データが被災地への道を教えてくれた

東日本大震災後、グーグルマップ上で被災地近辺の道路の通行実績情報が公開された。被災地へ車両で通行できる道が明らかになり、復旧・救援に役立てられた。

データ収集

自動車の通行実績

ホンダのカーナビ「インターナビ」を装着した車が実際に通行した道路の情報を収集する。

×

グーグルマップ

グーグルが提供しているオンライン地図情報。インターネット上で誰でも利用ができる。

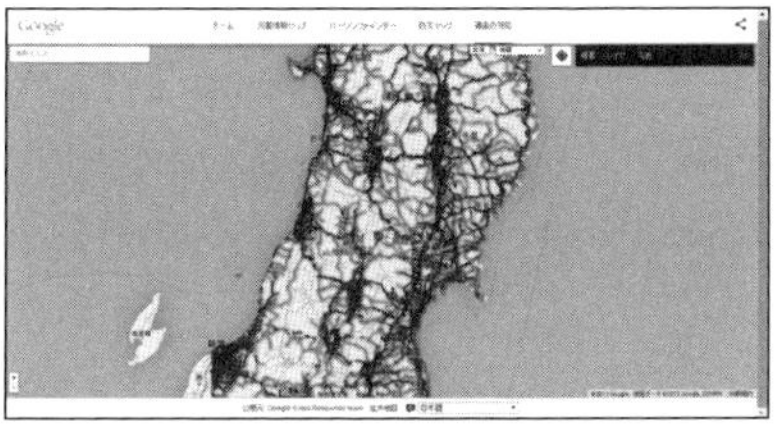

前日に車が通行した実績のある道路が青、通行実績がなかった道路が灰色で表示される。

データ分析

実際に通行できる道がわかる地図を公開

震災3日後には、被災地近辺の通行実績情報をグーグルマップ上に表示した「自動車・通行実績情報マップ」が提供された。その後、ほかのメーカーの車の通行実績データも追加された。

災害復旧車両、救援物資運送車両に被災地への道を示す

●グーグルクライシスレスポンス：https://www.google.org/crisisresponse/japan

リアルタイムのデータが災害支援に力を発揮

東日本大震災発生時、自動車メーカーとグーグルが連携し、「自動車・通行実績情報マップ」を作成。被災者にとって、また支援者にとっても、大きな力となりました。

最初に提供されたのは、ホンダ車に搭載されているカーナビの走行データ（プローブデータ）です。24時間以内の通行履歴データ、つまり寸断されていない道路の通行履歴をグーグルの地図に反映させ、公開したのです。

被災地を支援する時、リアルタイムの地図データは物資輸送などに大きな役割を果たします。これは、自動車が通信で結ばれ、Ｉｏ《アイオー》Ｔ《ティー》（P61参照）化しているからこそ可能となった災害支援なのです。

ビッグデータ活用例

鉄道の土砂災害対策

いつ・どこで土砂災害の危険があるかを気象情報から予測する

鉄道会社は、降雨による土砂災害などの防止に、危険箇所に雨量計を設置しています。しかし、そのほかの区域での集中豪雨のリスクは検知できません。また、雨量計は現時点の数値で、過去の降雨状況や今後の降水量は把握できず、運行への影響を予見することは困難です。

そこで、気象庁が配信する気象ビッグデータを利用して、鉄道に特化したリスク管理情報を提供しているのが、民間気象情報会社ハレックスの「防災さきもりＲａｉｌｗａｙｓ《レイルウェイズ》」です。これは、気象データに独自の工夫を加え、土砂災害の危険度を可視化できるようにしたもの。運行規制が必要なレベルまで危険度が上がると、路線図や地図上へのアラート表示、警告灯の点灯、メール配信など、さまざまな手段で警告が発信されます。

システム開発の発端は、２０１２年９月、神奈川県横須賀市の集中豪雨で発生した、土砂崩落による京浜急行電鉄の脱線事故。沿線に設置した雨量計などによる気象観測では、近年増えている局地的集中豪雨への対応は難しく、ビッグデータを利用した高精度の予測と、開発期間の短いクラウドサービスを組みあわせた再発防止システムが開発されたのです。現在も、運転規制や巡回強化の「行動」を起こす判断材料として役立っています。

キーワード

気象データ

気象庁は、日本全国に気象観測システムを設置し、膨大な量の最新気象データを収集。スーパーコンピュータで分析した数値予報シミュレーションデータや、アメダスなどの実測データ（降水量、風向·風速、気温、日照時間）、気象レーダー解析による降雨予測データなどを民間気象会社に提供している。気象会社はこれらのデータを使って、予報サービスや顧客の必要に応じた予測サービスを行っている。

気象データ分析で鉄道事故を防ぐ

鉄道会社の課題

突然の災害から鉄道を守りたい

局地的な大雨や土砂災害などによる事故から、乗客、利用者、周辺住民を守り、安全に運行したい。

データ収集

気象データを利用

降水量、降水強度、降水の短時間予報、土壌にたまった雨量の状況など、気象庁発表の気象データ（P118 キーワード参照）を利用。

データ分析

リアルタイムで気象状況や災害危険度を見える化

気象データをリアルタイムで解析し、地図や鉄道路線図上に表示。地形、特徴に応じて設定した基準値にもとづき、警告情報を出す。

情報を共有

運転指令所

駅

列車

いつ・どこで・どれだけ雨が降るか

路線のある地域ごとの降水強度や 24 時間の累積降水量、向こう 1 時間の降水量予測を、最短 5 分刻みで地図やグラフで表示する。

どこで土砂災害が起こる危険があるか

土壌に含まれる水分量や土壌の性質から土砂災害の危険度を可視化。最小 1km メッシュ（網目）単位で土砂災害リスクアラート（危険度）を表示。

災害時の安全確保

ビッグデータ活用例

犯罪を予測する

犯罪発生場所の予測で住居侵入窃盗が25%減少した

ビッグデータは、犯罪や犯罪被害を減らすのにも大いに役立ちます。クレジットカードの不正使用監視（P112、下の「さらに進化」参照）が有名ですが、アメリカでは、犯罪の発生予測にも使われています。その一例が、リアルタイムで犯罪の発生を予測するプレッドポルのサービスです。

アメリカでは、犯罪に関するデータが「Ｎ-ＤＥｘ（The National Data Exchange）」というＦＢＩが開発したデータベースに集められています。プレッドポルは、このデータを地震の余震予測モデルの技術を使って分析し、犯罪の発生エリアや種類を予測するシステムを開発。警察官は、そのエリアを重点的にパトロールすることで、犯罪の発生を防ぎます。

一般的に、要注意地域のパトロール時間を15分～2時間増やすと5～15%程度犯罪発生件数を減らせるとされています。プレッドポルはこれを上回る効果を上げています。２０１２年にロサンゼルス警察で行われた実証実験では、住居侵入窃盗が前年比25%も減少しました。

警察は、経験からどの地域でどんな犯罪が発生する可能性が高いか熟知していますが、この経験は数値化されていません。プレッドポルはデータを使ってより高精度な犯罪予測を行い、警察官の活動を支援しているのです。

さらに進化

クレジットカード不正使用を監視する消費者向けサービス

アメリカの消費者は年間300ドル以上をクレジットカードの不正使用などで失っているとされる。ビルガードはクレジットカードに関する３万件以上の苦情データやSNSなどを分析し、不正や誤り、詐欺が疑われる利用記録がないかをチェック。問題があれば顧客に警告し、不正な支払いを取り戻す支援を行っている。

犯罪予測＋パトロール強化で効果を発揮

プレッドポルの犯罪予測システムの仕組み。このシステムの使用で一般的に20%程度犯罪の発生が減っている。

データ収集

アメリカ国内の犯罪データ

予測にはアメリカ国内の犯罪データ（N-DEx）を利用。犯罪の種類、発生場所、発生時間のデータを使う。個人の特定は行わない。

↓

データ分析

犯罪が発生する可能性の高い場所を予測

分析対象となる犯罪（暴力･襲撃、家庭での盗難、自動車盗難など全犯罪の約65%）が発生しそうなエリアを予測。地図上に、犯罪の種類とともに500フィート（約150 m）四方の赤いボックスで表示する。

↓

犯罪が発生しそうなエリアのパトロールを強化

予測にもとづき、要注意地域･時間のパトロールを強化する。通常、要注意地域で15分～2時間パトロール時間を増やすと、5～15%程度犯罪発生件数を減らせる。

↓

犯罪発生が約20%減少

ロサンゼルスでは、19週間のうちに犯罪発生率が47%減少。

現場の警察官は、スマホのアプリでほぼリアルタイムで要注意地域を確認できる。

各データは、東京大学先端科学技術研究センターICT実証フィールドコンソーシアム「外部データの活用に関する海外調査報告書」(2015年1月)より

ビッグデータ活用例

交通事故を防ぐ保険サービス

ドライブレコーダーで運転のクセをチェック。安全運転アドバイスで事故を防ぐ

国内の交通事故は減少しているものの、年間57万件以上の事故が起こり、死者も4000人を超えているのが現状です。[*1] また、運送業のように業務に車が欠かせない企業には、自動車事故による損害が企業の信用低下にもつながり、経営に大きなダメージを与えます。安全運転を促し、交通事故を減らすことは、社会的にもビジネス面でも喫緊の課題なのです。

ビッグデータでその課題を解決するサービスが、自動車メーカーや保険会社で始まっています。代表的なのが、「テレマティクス」の活用です。テレマティクスとは、「テレコミュニケーション（通信）」と「インフォマティクス（情報科学）」を組みあわせた造語です。自動車などの移動体と通信システムを組みあわせて、リアルタイムに情報提供を行うサービスで、身近なものではカーナビの地図更新や道路渋滞情報などがあります。

安全運転促進のために使われているのが、ドライブレコーダーのデータです。例えば、損保ジャパン日本興亜のフリート契約者[*2]向けサービス「スマイリングロード」は、ドライブレコーダーのデータから運転の状況を客観的かつ定量的に把握。ドライバーの安全運転へのモチベーションを維持し、管理者がドライバーを適切に指導・支援できるようにしています。

キーワード

テレマティクス保険

自動車に搭載したテレマティクス端末から得られるデータをもとに保険料金を決める自動車保険。走行距離から保険料を算出するPAYD（Pay As You Drive）型と、ブレーキの回数や速度、加減速の動作など運転中の行動・振る舞いから運転の危険度を評価し、保険料を算出するPHYD（Pay How You Drive）型がある。欧米ではPHYD型が主流。日本でもサービスは始まっているが、PAYD型がメインである。

＊1 出典：内閣府「平成27年版交通安全白書」
＊2 フリート契約：10台以上の自動車所有・使用者向けの自動車保険契約。

運転状況データで事故による経営リスクを回避

データ収集

通信機能付きドライブレコーダーで走行データを記録・送信

スマイリングロード契約車両に、通信機能を備えたドライブレコーダーを設置。GPSや加速度センサー、カメラなどでデータを収集する。

データ分析

走行データを分析

加減速、ハンドリングなどの走行データ、画像、位置情報など、ドライブレコーダーから送信されたデータを分析。運転状況を診断し、レポートを作成する。

ドライバー

自分の運転状況をアプリで確認 ポイントでやる気アップ

安全運転ランキングも確認でき、上位入賞者はプレゼントを受け取れる。

加速、減速、ハンドリング、エコなどの6項目の運転評価が、スマホやパソコンで確認でき、安全運転のためのアドバイスが受けられる。評価によってたまるポイントで、プレゼントへの応募も可能。

管理者

危険運転を即時に把握 実効性のある指導が可能に

ドライバーの運転状況を、いつでもWebサイトで把握可能。急ブレーキなどの危険運転をするとメールが入り、発生時の画像や場所が把握できる。指導が必要なドライバーが明確になり、効果的な指導が可能に。

ドライバーの危険挙動時や事故発生時の画像は、指導や事故後の対応に役立つ。

交通事故を防いで経営リスク回避

フリート契約では、事故が少ないと、次年度以降の保険料の負担が軽減される。

さらに進化

交通事故・渋滞を減らし、高齢者も自由に移動できる社会を実現

　ドライバーのいない自動車が目的地に向かう「完全自動走行」が現実になろうとしています。

　情報取得に必要な通信が自動車でも可能になったうえ、車内外の状況を検知するセンサーの技術が向上。情報をもとに進路変更や障がい物回避の判断をする人工知能も進歩を続けており、自動走行実現へ着実に前進しています。

　アメリカのグーグルは２０１０年から公道での自動走行実験を実施。国内外の自動車メーカーは、自動走行やその技術を使ってドライバーの安全運転を支援するシステムの開発に取り組んでいます。

安全運転支援から完全自動走行へ

データ収集　**周囲の情報を自動車が収集**

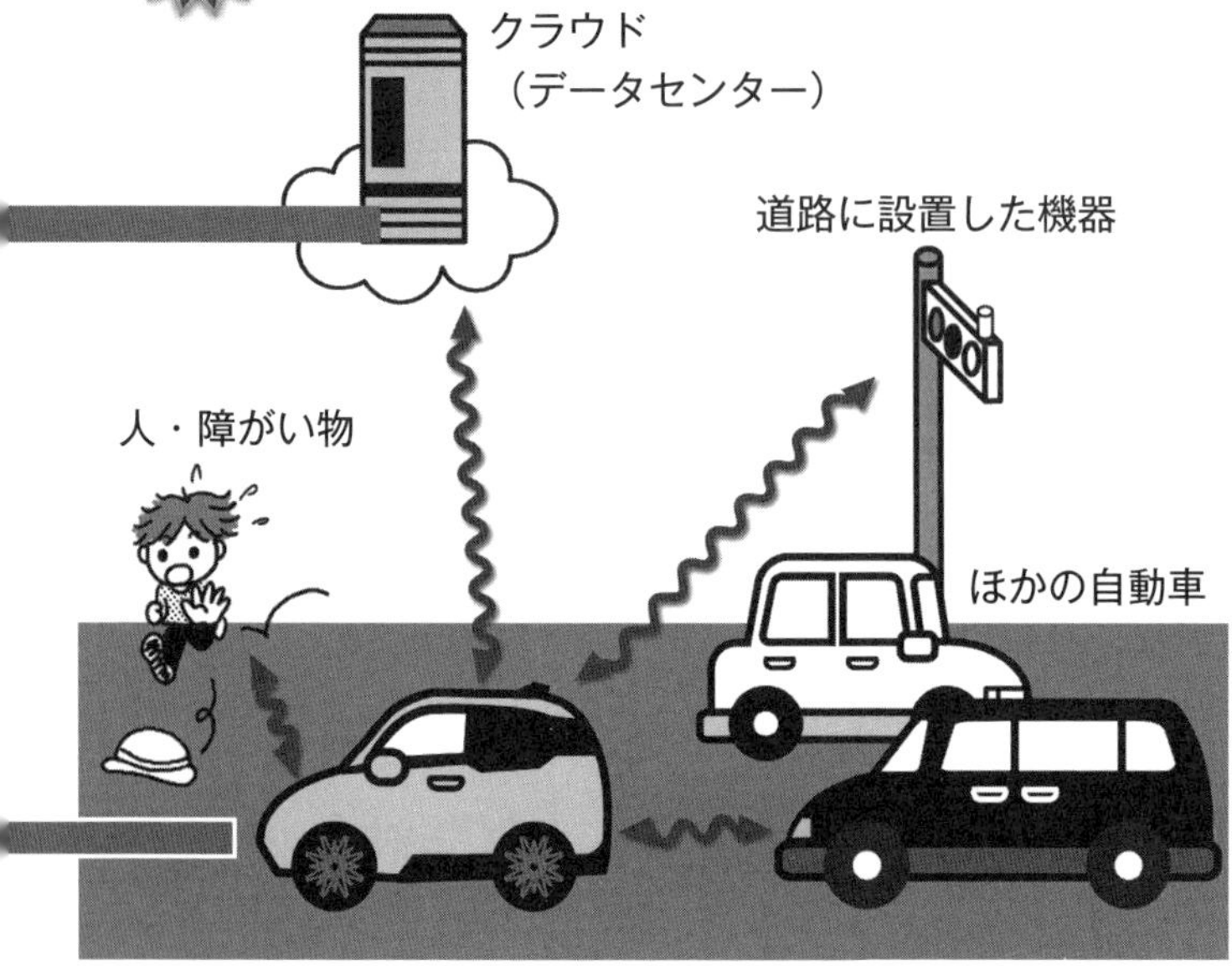

自動車に搭載したセンサーやカメラ、道路に設置した情報機器、周囲の走行車から得られる情報やクラウド上の情報を、自動車が収集する。車のみでデータを収集して自動走行する「自律型」と、周囲からの情報も取得して利用する「協調型」がある。

データ分析
人工知能の判断をもとに自動車を制御
データ
自動車の周囲の車やものの位置、速度、大きさ、形状のほか、地図情報、渋滞情報などのデータを集積。
×
人工知能でデータ処理
リアルタイムでデータを処理し、加速、ハンドリング、ブレーキなどの操作を判断。渋滞を避けた最適な通行路を選択する。
安全運転支援＋自動走行
まずは自動運転技術を使った安全運転支援システムで、ドライバーを支援。さらに進歩すると、システムが運転し、必要な時のみドライバーが対応する形に。
完全自動走行
さらに進歩すると、すべての操作をシステムが行い、ドライバーはまったく関与しなくても目的地に安全にたどりつける完全自動走行が可能に。
12-34

完全自動走行が実用化されれば、高齢者が必要な時に無人の車を呼び、目的地まで行くことも可能に。

世界一安全な道路交通社会を目指す

自動運転で安全な運転が可能になれば、交通事故は減少します。車間距離を適切に保ち、渋滞情報をもとに自動で最適ルートを選ぶことで、交通渋滞は緩和され、環境に優しい運転が可能に。移動が困難な高齢者や障がい者の足としても活躍するでしょう。

ただし、課題はセキュリティの確保です。自動運転では、インターネットを通じての攻撃や、通信回線の途絶は許されません。

政府は自動運転実用化や交通データなどの活用を促進し、2020年には世界で最も安全な道路交通社会を実現すると宣言。ドライバーの乗車を前提としている道路交通法の整備も検討されています。

確実に勝てるチームをつくる

スポーツで進むビッグデータ活用

統計データで選手を評価する セイバーメトリクス

メジャーリーグの弱小チームが、データの力で強豪へと生まれ変わる姿を描いた映画『マネーボール』。この映画で有名になったのが、「セイバーメトリクス」です。打率や防御率といった結果だけではなく、さまざまなデータを統計的に分析し、客観的に選手の実力を測ろうとするものです。

例えば失点の多い投手に対し、天候などの運や守備力などのデータと、試合結果の相関を計算し、自身で制御できない部分を排除することで、従来とは違った視点で評価します。こうした選手ごとのデータを積み上げ常勝チームをつくるのです。

メジャーリーグでは広く採用されているセイバーメトリクスですが、日本のプロ野球や、高校野球でも活用され始めています。

選手のコンディションや 動きも見える化できる

Jリーグでは、スタジアムに専用カメラ6台を設置してピッチ全体を撮影し、選手やボール、審判の動きを追尾するトラッキングシステムを導入。これにより、走行距離やスピード、ボールの動きなどのデータを取得し、テレビ中継やウェブサイトコンテンツとして活用しています。

ファンサービスが主な位置付けですが、選手たちのコンディション管理にも役立っています。クラブでは血液検査などで疲労度をチェックしていますが、医学的なデータと試合データを付けあわせれば、さまざまな分析が可能になります。

例えば、疲労度が高いのに走行距離が多ければ、ケガの可能性が高いので練習を休ませる、という適切な指導ができるのです。

第6章

人工知能は人の仕事を奪うのか

これからのビッグデータとの付きあいかた

BIG DATA

人工知能は敵ではない。人間の強力なパートナーになる

人工知能は、古くからＳＦ小説や映画のテーマになり、人間と対峙するというセンセーショナルな話が多くあります。でも、それは未来の話……と思っていたら、近年は人工知能が急速に進化し、ＳＦの世界が現実味を帯びてきました。クイズ番組で人間に勝ったり、人の感情を読み取るロボットが登場してきているからです。

人工知能の進化に伴い、「技術的特異点（シンギュラリティ）」が話題になっています。今のペースで研究が進むと、人工知能が人類を超え、世界が急変するポイントが２０４５年といわれているのです。

人工知能が人間をサポートする

人間

強み
・データがなくても判断できる
・洞察力がある
・まちがえても軌道修正ができる

弱点
・大量の情報の処理スピードは遅い
・思い込みで判断を誤ることがある

人工知能

強み
・大量の情報を迅速に処理できる
・データからパターンを学習できる

弱点
・データがないと判断できない

新しい価値 より大きな価値創造が可能に

人工知能が人間にヒントを与え、それをもとに人間が最終決定する。協働することで、より効率よく、人間だけでは生み出せないような価値を創造できるようになる。

人工知能は人間の活動をサポートしてくれるもの

人工知能が進化すると、人間の仕事が奪われてしまうと危惧する人もいます。しかし、人工知能は人間の道具であり、人間の活動をサポートするもの。たとえシンギュラリティを迎えたとしても、人工知能ができない分野に知恵を集約し、やりがいや生きがいを感じられる仕事があるはずです。

人工知能に限らず、テクノロジーの進化は強い社会的インパクトを与えてきました。産業革命など、人類はいくつかのインパクトに飲み込まれ、そのたびに新たな社会システムを構築し、暮らしを豊かにしてきました。人工知能の進化も、過去のインパクトと同じような結果を生み出すでしょう。

ビッグデータ活用例

経験から学ぶコンピュータ「ワトソン」

自然言語を理解し、学習するワトソンと人間が最適な解答を導き出す

２０１１年、ＩＢＭが開発したコグニティブ（認知型）・コンピュータ「ワトソン」が、アメリカの人気クイズ番組に出場し、最多賞金を獲得しました。ワトソンは、事前に豊富な専門知識をインプットしておくと、機械学習（Ｐ74参照）や統計解析などを駆使して、自ら解答を見つけるよう設計されています。

ワトソンは、音声や画像も認識できます。自然言語を解釈し、膨大なデータから仮説をたて、適切な答えを導き出し、さらに、利用を重ねることで知識や経験を蓄積して、自ら賢く成長していきます。

ワトソンの機能に着目し、ビジネスでの利用が各分野で始まっています。有望視されているのは医療分野です。アメリカのメモリアル・スローン・ケタリングがんセンターでは、数万件以上の医療研究データと数万ページに及ぶ資料やがん治療履歴データを分析。数秒で医師に治療の選択肢を提案しています。また、料理レシピを考え出す「シェフ・ワトソン」、資産運用の助言など、世界中のさまざまな分野で実績を積み上げています。

２０１５年には日本語化プロジェクトが始まり、日本での活用に向けて、多くの企業で本格的な導入の検討が進められています。

さらに進化

文章から人の感情を読み取る機能も登場

ワトソンに携わるIBMの研究者は、文章を分析して、感情を判断できるソフトを開発したと発表した。人間には自然にできることだが、機械には高度な作業である。喜びや不安、怒りなど書き手の感情を分析しながら、その人の協調性や誠実さなどの社会性、書き手の分析力や自信、ためらいなども洞察できるという。

日本でもさまざまな分野で活躍中

がんの研究

がんの原因となる遺伝子変異をつきとめるには、大量の医学論文や遺伝子関連データベースの参照が必要だ。東京大学医科学研究所では、ワトソンで膨大な資料を分析し、がんの原因となる遺伝子変異と有効な治療法の候補を導き出すことで、患者に最適な治療を行うことを目指す研究を始めている。

銀行のコールセンター業務

電話で受けた問い合わせ内容をワトソンに入力すると、データをもとに回答候補が画面に表示され、オペレーターはその内容をもとに顧客に回答する。厚いマニュアルを参照したり担当部署に確認したりする作業が軽減されるとともに、即座に正確な回答ができるようになると期待されている。

Watson（ワトソン）

●人間の言葉を理解する
●経験から学ぶ
●データをもとに仮設をたて検証する

膨大なデータをもとに、人間の自然な言葉を理解し、仮説をたてて検証できる。利用者が情報を学習させたり、利用を重ねたりすることで進化していく。

オリジナルレシピの提案

世界の食材や9000種類のレシピデータから、ワトソンがおいしさを感じるパターンを抽出。食材、調理法、気分や季節などのフレーズをもとにオリジナルレシピを提案し、フランス料理のシェフが実際に調理した。
意外な食材や組みあわせの提案で、想像を超えた美味なメニューが誕生した。

人型ロボットの頭脳

感情を持ち、行動するソフトバンクの人型ロボット「ペッパー（Pepper）」。ペッパーと日本語を学んだワトソンを組みあわせることで、会話の受け答えの精度を上げられる。実際に、店舗などでの接客に活用する取り組みが始まっている。

ペッパーは常時インターネットに接続し、クラウドと連携することで最新情報を教えてくれる。

写真提供：ソフトバンクロボティクス株式会社

未来社会を考える

生産は人工知能にまかせて、人間は企画・開発に専念する

10～20年でなくなる職業、残る職業

アメリカの雇用データベースに登録された702種類の職種を分析。今後10～20年でアメリカの雇用者の約47%の仕事が、コンピュータにより自動化されるという結果が出た。

残る可能性が高い職業の例

- レクリエーション療法士・作業療法士など
- 整備・設置・修繕の現場監督者
- 危機管理責任者
- ソーシャルワーカー
- 消防・防災の現場責任者
- セールス・エンジニア
- 内科医・外科医・歯科医
- 教師・教育管理者
- カウンセラー
- デザイナー
- コンピュータシステムアナリスト
- 営業マネジャー

なくなる可能性が高い職業の例

- 電話販売員（テレマーケティング）
- 時計の修理工
- 税務申告代行者
- 図書館員の補助員
- データ入力作業者
- 銀行の融資担当者
- 苦情の処理・調査担当者
- 簿記・会計・監査の事務員
- クレジットカード申込者の承認・調査を行う作業員
- 不動産ブローカー
- 保険の審査担当者
- レジ係

出典：Carl Benedikt Frey and Michael A. Osborne, “The Future of Employment: How Susceptible are Jobs to Computerisation?” 2013

人工知能が進化すると、人の仕事の内容を習得していきます。オックスフォード大学の論文では、「あと10～20年でなくなる職業」が示され、ロボットに仕事が奪われると、話題を呼びました。

テクノロジーの進化によってビジネス環境が変革していくのは世の常です。例えばＩｏＴ《アイオーティー》（Ｐ61参照）によって製造業はものをつくるだけでなく、顧客サービスに重点を置く事業体へと変化し始めています。同様に、人工知能が人の知能の領域まで成長するのにあわせ、人間側も仕事の質を変革させる必要があるのかもしれません。

ものづくりの価値創造は逆ピラミッド型へ

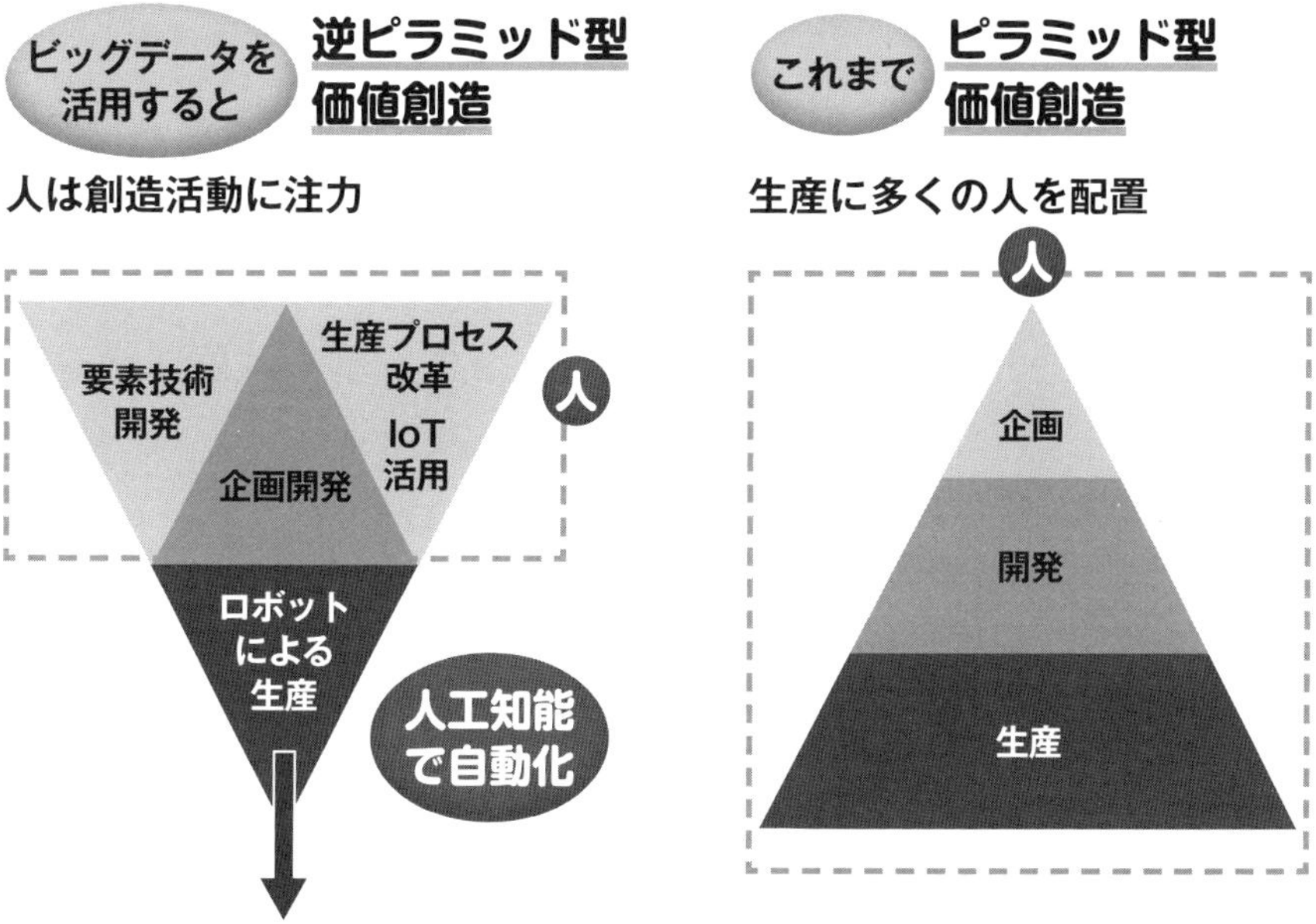
ビッグデータを活用すると
逆ピラミッド型価値創造
人は創造活動に注力
要素技術開発
生産プロセス改革
IoT活用
企画開発
人
ロボットによる生産
人工知能で自動化
これまで
ピラミッド型価値創造
生産に多くの人を配置
人
企画
開発
生産

ネットワークでつながる企業群

製品や企業どうしがネットワークでつながり、ものづくりのノウハウを集約したデータベースをもとに、生産工程が自動化される。人は、創造活動を主に担うようになる。

日本のものづくりの状況。少数の人が創造活動に携わり、その下にある安い労働力に生産を頼っている。技術力、品質管理などのノウハウを持った人材が不足し始めている。

出典:株式会社KMC佐藤声喜代表取締役作成資料をもとに作成

創造活動のためには教育の見直しも必要

　これまでロボットや人工知能はルーティンワークやマニュアルに頼る仕事しかできないとされてきました。しかし、ビッグデータとＩｏＴを組みあわせることで、人工知能は認知能力や判断能力を備え、医療や金融の分野で、複雑な知識が必要な労働を担っています。

　人工知能が人間の仕事領域に迫ることで、ものづくりにおいて価値を創造するための組織構造は生産重視のピラミッド型から、企画立案など高度なイノベーションを起こす人材が求められる逆ピラミッド型へと変わっていきます。高次元でクリエイティブなことに集中できる時代に向け、人材教育もシフトしていく必要があります。

ビッグデータは個人情報の宝庫である

スマホやIoTでプライバシーが丸見えに？

日々集積されるデータからは、個人の行動や生活状況などを特定することが可能。

スマホの位置情報、交通系ICカード
↓
行　動
がわかる

ウェアラブル端末、電子カルテ
↓
健康状態
がわかる

買い物履歴データ、オンラインショップのほしいものリスト
↓
趣味嗜好
がわかる

スマート家電、電力利用データ
↓
生活状況
がわかる

銀行や証券口座、ローン情報
↓
資産状況
がわかる

スマートフォンをはじめ、電子決済、インターネットなどから生まれるビッグデータは、消費行動や趣味嗜好に結び付く個人情報となるので、企業にとっては宝の山です。しかし、個人情報が勝手に利用されることに対して懸念を持つ人は少なくありません。

その背景には、日本年金機構や通信教育企業のベネッセコーポレーションをはじめ、個人情報流出事件が続発していることにあります。個人情報に対して不信感が強くなっているために、ビッグデータの活用にも支障をきたし、世界から遅れをとっているのです。

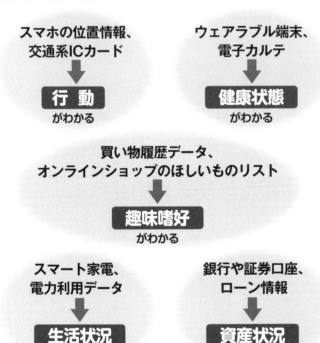

ビッグデータは使い方を誤るとトラブルにつながる

Suicaデータ販売に批判殺到 サービス中止に

日立製作所は、JR東日本から交通系ICカード（Suica）約4300万枚分の乗降履歴データを購入し、駅の利用状況を分析、マーケティングに役立つレポートを提供するサービスを計画していた。しかし、2013年にサービス内容が発表されると、データ販売やデータ内容についての説明不足から批判が殺到。JR東日本はデータの販売見あわせを発表し、サービス提供も中止された。

送られてきたクーポンで 娘の妊娠を知った父親が激怒

アメリカの小売大手ターゲットは、購買履歴データの分析から妊娠の可能性を予測。対象者にベビー用品などのクーポンを送付している。その精度の高さから家族よりも先に妊娠を把握するケースも出てきている。

実際、高校生の娘にベビー用品のクーポンが届いた男性が店舗にどなり込んだものの、実は娘は妊娠しており男性が店に謝罪したという事件も起こっている。

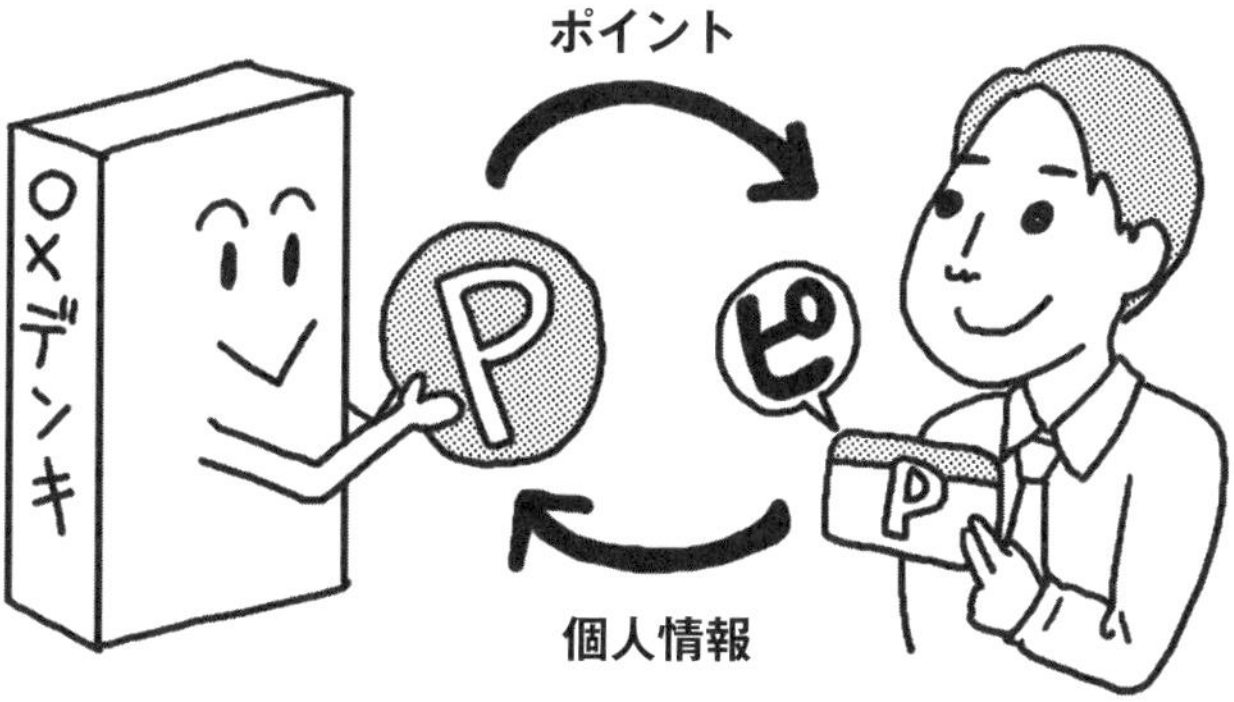

ポイントカードは、サービス利用で付与されるポイントと引きかえに、名前や居住地、生年月日、買い物履歴などの個人情報を提供するサービスだともいえる。

個人情報保護法改正で ビッグデータ活用を促進

２０１３年にＪＲ東日本がＳｕ《ス》ｉｃａ《イカ》の利用履歴を他企業に販売しようとした時、利用者から「気持ち悪い」という反発を招きました。結局、販売を断念したことで、新しいビジネスは頓挫しました。

ビッグデータを活用した成長戦略を模索する政府は、この騒動を発端に個人情報保護法の改正に動き出し、２０１５年９月に成立しました（Ｐ136参照）。

ビッグデータは、表面化していない消費者行動を浮かび上がらせます。それは結果的に消費者の利益や利便性に結び付き、生活を豊かにしてくれます。改正案の可決で、今後、企業によるビッグデータ活用が進むでしょう。

自分を守る方法を知っておくことが大切

自分の情報を守るには

データ利用を許可するかどうかは自分で判断

●オプトイン

個人情報の第三者への提供や、個人情報を利用したサービスを提供する際に、事前に本人の承認を得ること。EUで主流の方法。

●オプトアウト

本人の求めに応じて、個人情報の第三者への提供や、当該者の個人情報をサービス提供に利用することなどを停止すること。アメリカで主流の方法。

データの性質を理解する

自分だけの情報か、家族や同僚なども関連する情報かなど、データの性質を理解しておく。

データの取り扱い者を知る

個人情報を取り扱う企業や団体のプライバシーポリシーなどを確認し、個人情報保護への取り組み状況を把握する。

例えば、遺伝情報データは自分だけのものではない。親や子どもの情報でもある。

2015年9月、個人情報保護法の改正案が可決したことで、日本のプライバシー保護に関する法制度は大きな転換期を迎えました。

ビッグデータに関わる改正のポイントは、個人情報の範囲を拡大し、身体的特徴を示すデータなども含めることに加え、個人情報を「匿名《とくめい》加工情報」にすることで第三者に提供できることです。これにより、ビッグデータ活用の道が大きく開かれました。

個人情報に対するリテラシーを高めておく

私たちは、ふだんの生活で何気

ビッグデータ活用例

KDDIの位置情報データ活用

データ処理でプライバシーを守る

大手通信会社 KDDI では、スマートフォン利用者の端末から得た位置情報データを、マーケティング分析に活用している。その際、利用者にデータ利用の同意を得たうえでデータを集めるだけではなく、下記のような方法で匿名加工を行い、個人の特定を防いでいる。

データの加工方法

個人の特定を防ぐ処理を行う

- 生活圏内での移動の履歴は削除
- 位置、時間情報の単位を変更し、大括《くく》り化
- ID 情報を再識別できないよう加工して提供
- 来訪頻度・重複来訪状況は集計結果のみ提供

情報の一部を削除、集計、加工して利用、提供することで、個人の特定を防いでいる。

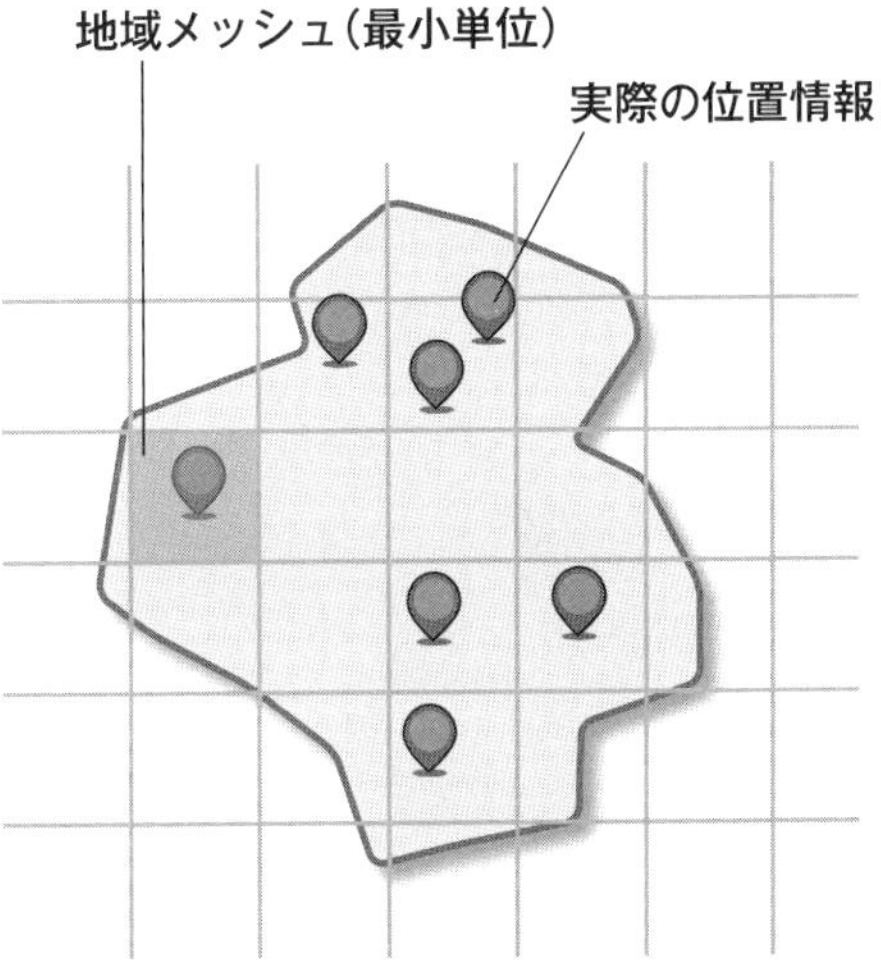

位置情報は、網目状に区切った地域ごとに大括り化したものを最小単位に。利用時間も一定の間隔で区切って大括り化してまとめる処理をしている。

少数サンプルは排除する

分析結果を外部に提供する際は、少人数のみが含まれるエリアのデータは利用しない。

なく個人情報を他者に提供しています。例えば、会員になることで受けられる特典サービスなどがそうです。

一度公開された情報は、自分だけのものではなくなります。データが自由に流通する時代を迎え、そういった状況をやみ雲に嫌うのではなく、情報に対するリテラシーを高めておくことが必要です。

ネット時代の今は、検索によって個人情報がどのように使われるのかを知る手がかりはたくさんあります。また、「オプトアウト」「オプトイン」といった自衛のための意思表示の方法もあります。

世の中に出回る個人情報がどう扱われるのかきちんと理解すれば、データがこれからの「豊かな暮らしをつくる源泉」になるということがわかってくるでしょう。

マイナンバー

個人にふられる12桁の番号で公平・公正でムダのない社会を実現する

2016年1月、マイナンバーの利用が始まりました。マイナンバーとは、赤ちゃんから高齢者まで国民全員に割り当てられる12桁の番号。この番号で、さまざまな機関が持つ同一人物の情報の結び付けが可能になります。

マイナンバーの利用が進むと、年金や福祉などの申請に必要な書類添付が減ります。引っ越し時の住民票移動など、行政手続きはスムーズに。所得をより正確に把握できるので税金の公平負担が図れるなど、基本的な国民生活の利便性が向上し、公平・公正な社会が実現できるとされています。

マイナンバー(社会保障・税番号)制度とは

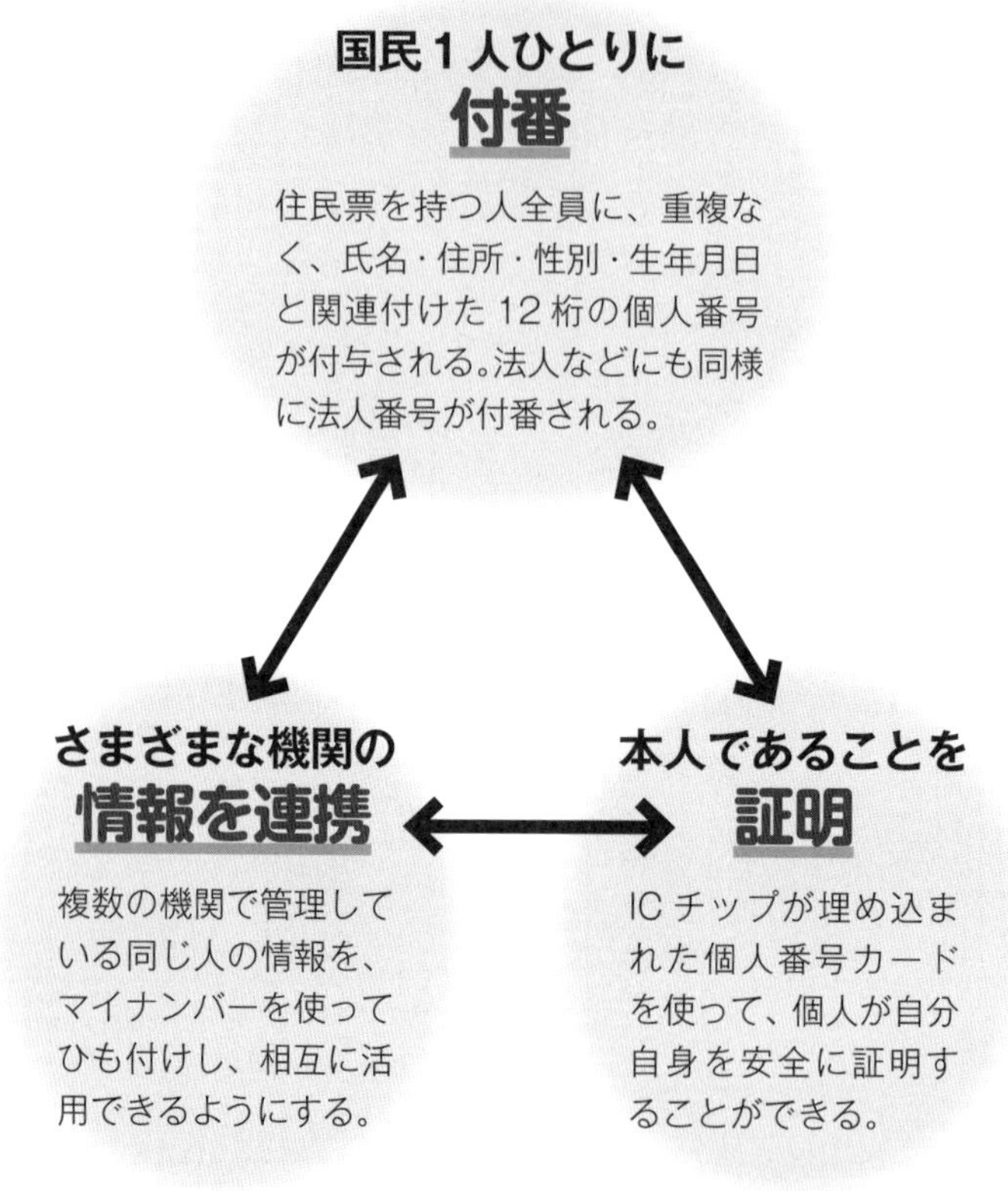
国民1人ひとりに
付番
住民票を持つ人全員に、重複なく、氏名・住所・性別・生年月日と関連付けた12桁の個人番号が付与される。法人などにも同様に法人番号が付番される。
さまざまな機関の
情報を連携
複数の機関で管理している同じ人の情報を、マイナンバーを使ってひも付けし、相互に活用できるようにする。
本人であることを
証明
ICチップが埋め込まれた個人番号カードを使って、個人が自分自身を安全に証明することができる。

マイナンバーの利用範囲は順次拡大へ

2016

マイナンバー利用開始

▼下記３分野で利用
①社会保障分野
（年金に関する相談・照会など）
②税分野
（申告書、法定調書などへの記載など）
③災害対策分野（被災者台帳の作成など）

個人番号カードの交付

▼身分証、社員証として利用
▼公的資格確認機能付与を検討

2017

▼国の機関、地方公共団体などでの情報連携

▼健康保険証として利用

「マイナポータル」開始

▼個人専用のマイナンバー関連サイトの利用
マイナンバー関連の情報（自分の情報や情報の利用記録、予防接種や年金に関するお知らせなど）の閲覧、引っ越し関連の手続き、予防接種の案内受け取りなどのサービス利用が、パソコンやスマホからできるように。

2018

▼預貯金口座へ付番
▼医療などの分野での活用

▼特定健診（メタボ健診）データが個人で把握・利用可能に

2019（年）

▼３分野以外へ利用範囲拡大検討

マイナンバー制度、個人情報カード配布は2016年１月に開始。その後、法改正などの検討を進めながら、順次利用範囲が広がる予定。

出典：内閣官房社会保障改革担当室「マイナンバー社会保障・税番号制度概要資料」平成27年11月版などより作成

まずは社会保障・税・災害対策の3分野で活用

マイナンバーは法令で定められた目的以外に利用することはできません。現在のところは次の3分野での利用が認められています。

1つ目は社会保障です。各種年金記録の管理や雇用保険、福祉、医療保険などの公正な運用のために使われます。

2つ目は税関連。確定申告書や源泉徴収票にマイナンバーを記載し、正確な所得を把握し、税徴収の公平化に利用されます。

3つ目は災害対策。災害時には被災者台帳の作成に利用し、迅速に住民を支援します。

順次利用範囲が広げられ、いずれ3分野以外への利用範囲拡大も考えられています。

医療分野での導入が進むと医療費が削減され、薬の開発も進む

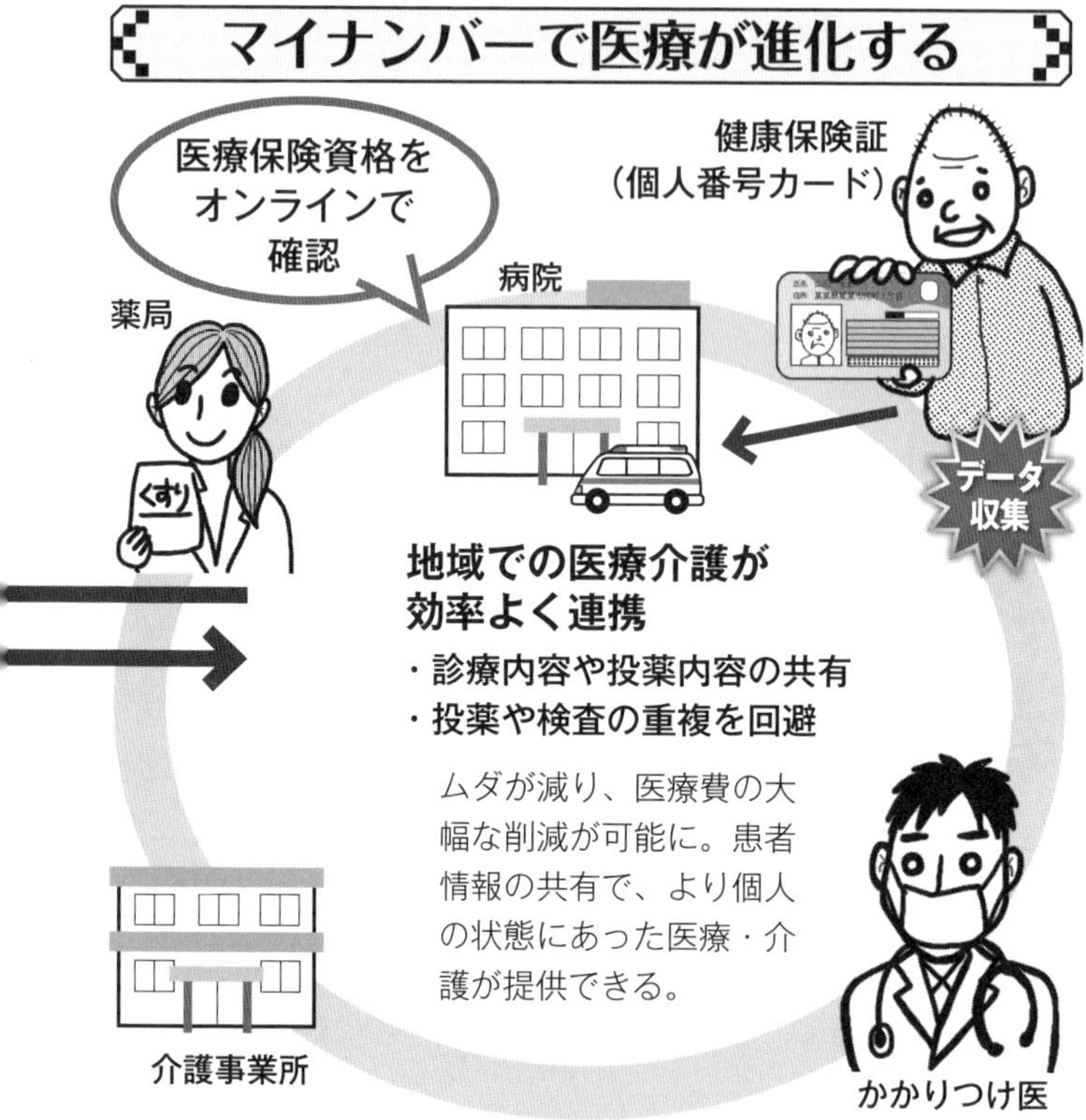
マイナンバーで医療が進化する
医療保険資格を
オンラインで
確認
健康保険証
（個人番号カード）
病院
薬局
くすり
データ
収集
地域での医療介護が
効率よく連携
・診療内容や投薬内容の共有
・投薬や検査の重複を回避
ムダが減り、医療費の大
幅な削減が可能に。患者
情報の共有で、より個人
の状態にあった医療・介
護が提供できる。
介護事業所
かかりつけ医

個人番号カードが健康保険証として使えるようになり、各医療機関で電子カルテなどを導入して医療データがデジタル化されると、医療ビッグデータの活用が促進される。

マイナンバーは医療分野でも利用されることになっています。2017年以降、個人番号カードは健康保険証としても使えるようになる予定です。

医療費は年々増え続け、2014年度の医療費は40兆円を突破。医療費削減は喫緊の課題です。

マイナンバーをもとに、レセプト*の情報を各医療機関で共有すれば、重複した検査や投薬が回避でき、医療費の削減にもつながります。二重投薬がなくなれば、1兆円規模の医療費が削減できるとの試算もあるほどです。

また、医療関連のビッグデータ

*レセプト：診療報酬明細書。診療年月、年齢、性別、医療機関、病気の診断名、治療内容など、診療情報が記載されている。

患者情報の共有が進むと、二重投薬などがなくなるだけでなく、正確な情報が医療機関や薬局などで共有できるようになる。

データ分析

医学研究などに利用

病気や医療に関する情報を、個人を特定できない形で大学や製薬会社などに提供。新薬の開発や副作用の状況、治療効果の分析などに利用する。

データベース
（医療ビッグデータ）

電子カルテやレセプト、特定健診、検査結果、手術の実績など、医療に関するデータを蓄積。

医療の質が向上

- **正確な診断による適切な治療**
- **日本発の新薬・医療機器開発**
- **薬や医療機器の安全対策**

医療ビッグデータ活用で、医療の質、安全性が高まる。医療機関の経営も効率化できる。

キーワード

マイナンバーのセキュリティ対策

マイナンバーが漏洩《ろうえい》すると、複数の機関の個人情報が芋づる式に流出する危険がある。そこで個人に関するデータは、一括で管理せず、情報を持つ機関それぞれに分散して管理。必要な時に必要な情報のみ利用する。
医療機関で扱う患者情報については、より配慮が必要になる。医療機関で扱うデータについてはマイナンバーと別の医療番号をつくり、必要に応じてマイナンバーと結び付けることで、情報漏洩を防ぐ予定だ。

を活用すれば、製薬会社や大学での新薬開発に活かせるでしょう。

より詳しい患者情報を活かすためには、カルテの電子化が必須です。しかし、医療機関の規模によって普及率にバラつきがあり、400病床以上の大病院でも約70％（2013年現在）にすぎません。また、データを活用するためには、電子カルテの形式を標準化することも必要です。早急なインフラ整備が求められています。

キーワード

ドローン

自動操縦で空からデータを収集する

「ドローン」と呼ばれる無人航空機が話題になっています。もとは軍事の偵察や爆撃用に開発されたもので、GPSなどの多数のセンサーを搭載して自律移動できます。用途によって、大きさ・形状はさまざまです。

ドローンは利用範囲が広く、商業用、民間用として利用が増えています。アマゾンやドミノピザなどでは商品配達用として開発を進行中。また、人が入れない土地の測量や写真、動画の撮影、災害時の救助活動のための情報収集用として、農業分野では農薬散布用としてなど、活用の幅は広がっています。

安価なホビー用もあり入手しやすくなっているものの、墜落事故やテロなどに悪用される恐れもあり、各国で規制の検討が本格化しています。

3Dプリンター

データから直接ものをつくり出す

デジタルデータから現物の立体をつくり出すのが、３Ｄプリンターです。材料は、樹脂や石膏《せっこう》、金属、砂糖などさまざま。機械部品の試作をはじめ、工業用での利用が進んでいます。設計後すぐに造形でき、素材のムダもないため、開発期間の短縮やコストの削減が可能です。

将来、今まで職人の腕が必要だったものや、義足や補聴器などの医療機器のようにカスタマイズが必要なものまで、簡単につくり出せるようになるでしょう。

最大の特徴は、プリント用のデータを手軽に配布できる点です。一般の人が手に届く価格の商品も登場し、ものづくりの可能性を広げる一方、拳銃を製作する人も現れるなど、想定外の問題も起きています。

第7章

データでビジネスチャンスをつかむには

イノベーションを生むビッグデータ活用法

BIG DATA

まずはやりたいこと、解決したい課題をはっきりさせる

海外に比べて日本のビッグデータ活用は大幅に遅れています。日米の非ＩＴ部門を対象とした２０１３年の調査によると、アメリカでは７割以上がビッグデータを利用中なのに対し、日本はビッグデータをよく知らない、利用していないという企業が７割を占めているのです＊。

効率化・コスト削減ではなく付加価値創造のために使う

世界の企業動向を見渡すと、ここ数年ビッグデータを活用したプロジェクトを積極的に実施し、イノベーションにつなげている企業

＊出典：一般社団法人電子情報技術産業協会「ITを活用した経営に対する日米企業の相違分析調査」2013年

目的決定、分析、検証、方針見直しをくり返す

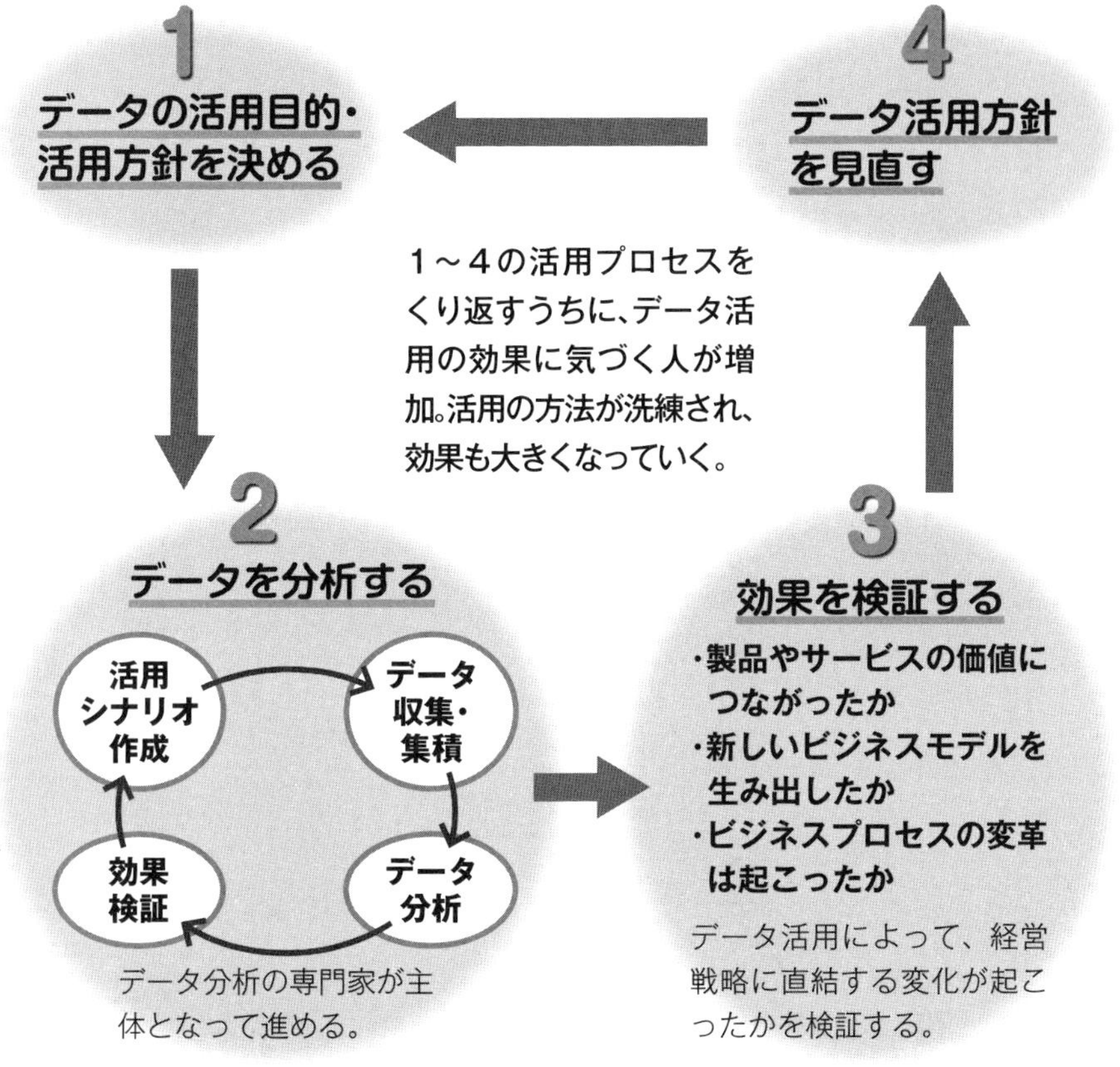
1
データの活用目的・活用方針を決める
4
データ活用方針を見直す
1～4の活用プロセスをくり返すうちに、データ活用の効果に気づく人が増加。活用の方法が洗練され、効果も大きくなっていく。
2
データを分析する
活用シナリオ作成
データ収集・集積
データ分析
効果検証
データ分析の専門家が主体となって進める。
3
効果を検証する
・製品やサービスの価値につながったか
・新しいビジネスモデルを生み出したか
・ビジネスプロセスの変革は起こったか
データ活用によって、経営戦略に直結する変化が起こったかを検証する。

が少なくありません。ビッグデータ戦略を実施しなければ、市場シェアも競争力も失うだろうという強い危機感を持っているのです。

日本企業もビッグデータを保有しています。しかし、その価値に気付いていなかったり、業務効率化やコスト削減といった旧態依然の方法でしか活用できていないため、経営戦略に活かせず世界の市場の変化に対応できていません。

企業はデータで状況を改良することばかりに注力するのではなく、新たな価値を創出する道具として活用し、経営戦略と直結する役割を持たせる必要があります。

この状況を打破すべく、政府は「世界最先端ＩＴ国家創造宣言」（２０１５年）において、攻めのＩＴ投資でイノベーションを起こそうと企業に呼びかけています。

データや技術を独占していてはダメ。上手に協働してこそ成長できる

データ・技術・アイデアをオープン化する

データ・技術を共有する

・オープンソースの活用
・技術のライセンスを導入・外部委託
・パートナー企業・外部企業との
共同研究・技術提携・データ共有
・コンソーシアム（共同体、企業連合）の設立

情報通信システムのユーザー企業と情報通信系の企業が協業し、ちがう分野を得意とする企業どうしが協力することで、新しい価値の創造を目指す。公的機関が保有するデータを共有する「オープンデータ」の活用も進められている（P148参照）。

イノベーター、科学者、技術者などの外部人脈ネットワークを構築しておき、必要に応じて活用する方法も。

データ分析は、データの数が多いほど精度が向上します。また、さまざまな分野の異なる発想が混じりあうことで、化学反応が起こりイノベーションとなります。

その実現には、各企業が持つデータや知識を共有できるプラットフォームが必要です。従来の日本企業は、自社の研究成果を門外不出にする傾向がありましたが、これからはデータ共有による新しい価値創造という発想から新しいモノが生まれる時代。1社で知識やデータを抱え込むだけではイノベーションは起こせません。

データを共有し協働するには、

アイデアを共有する

- アイデア創出企業（イノベーションファームなど）を活用
- 研究成果を公開し、パートナーを公募
- イノベーション仲介企業を活用
- 顧客や営業代理店からのアイデア募集
- イノベーションコンペ(アイデアソン、ハッカソン)

組織の壁を越えて優れたアイデアを取り入れることで、新商品やサービスが生まれる。
アイデアソン（特定のテーマについてグループごとにアイデアを出しあう）や、ハッカソン（グループごとに限られた時間内でプログラミングを行い、成果を競いあう）といったイベントも注目されている。

さらに進化 セキュリティ対策や標準化がデータ活用を促進

データ共有を促進するには、データの仕様や通信手順などの標準を決め、システムを相互に運用できるようにすることが大切になる。

セキュリティ対策

生活家電や自動車、医療機器など、さまざまなモノがインターネットにつながると、外部からの攻撃が生活に支障をきたすほか、事故の原因に。システムの防護はもちろん、問題が起こった時にすばやく対応できる仕組みづくりが必要になる。

データの意味付けの標準化

ビッグデータを自動的に処理するには、データが持つ意味をコンピュータが正確に解釈できる必要がある。データの意味付けの方法がバラバラだと、活用が難しくなる。

業界内での標準化

例えば、製造業でデータ活用を促進し、サービス業化を進める（P76参照）には、業界内での標準化が欠かせない。

キーワード データクレンジング

組織内でも標準化が徹底されないと、データの価値は低下する。例えばA社という顧客のデータが、営業部門では「A社」、仕入部門では「エー社」と登録されていると、コンピュータが同一の社名だと判断できない。こうしたデータのばらつきを正し、使えるデータにすることを、データクレンジングという。

誰もが使えるよう「標準化」が重要です。ドイツのインダストリー4・0（P82参照）では国全体が1つの工場のように機能するよう、標準規格の開発を最優先課題に。企業の垣根を越えたバリューチェーン（P77参照）全体でのデータ統合を進めているのです。

キーワード

オープンデータ

公共データを公開。官民一体で成長を目指す

政府が掲げるIT分野の成長戦略の1つに、「公共データの民間開放（オープンデータ）」があります。これは、行政が保有するデータを公開し、誰もが自由に使えるようにする取り組みです。

オープンデータの一番の目的は、白書や地理空間情報、調達情報、統計情報などのデータと、企業が保有するデータや技術を組みあわせて新ビジネスや新サービスを生み出すことです。オープンデータによる経済効果は非常に大きいと推定されており、欧米ではすでにさまざまな試みが活発に行われています。例えばアメリカでは、犯罪を予測するサービス（P120参照）や、気象に関するオープンデータと農作物の収穫予測を組みあわせて農家の収入を保証する保険が登場し、成功を収めています。

日本では政府がデータカタログサイト「DATA．GO．JP」を立ち上げ、データを自由に検索し、利用できるようにしました。約1万5000のデータが公開されていますが、アメリカとは10倍以上の開きがあります。

オープンデータ活用を活性化させるため、行政ではアイデアコンテストを開催してニーズを掘り起こそうとしています。民間でも、膨大な気象データを活用したサービスを展開する企業が生まれています（P118参照）。

政府のデータカタログサイト「DATA.GO.JP」

日本の各府省が保有するオープンデータの利用窓口となるデータカタログサイト。データの検索やダウンロードが可能。総務省が運用し、利用事例の収集も行っている。

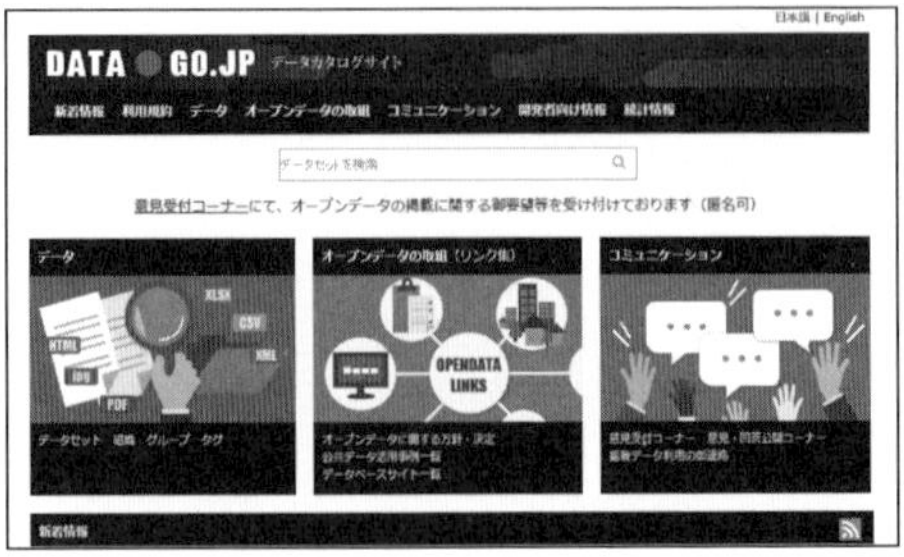

●DATA.GO.JPホームページ：http://www.data.go.jp/

日本でもオープンデータの活用が始まっている

富士山関連のデータ活用が人気

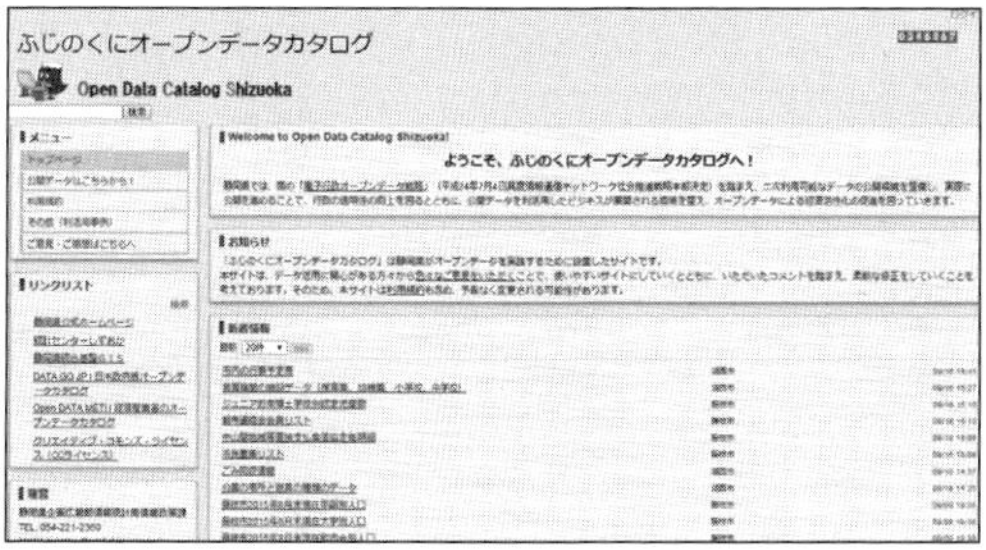

●ふじのくにオープンデータカタログホームページ:
http://open-data.pref.shizuoka.jp/

静岡県が2013年8月に開設した「ふじのくにオープンデータカタログ」は、都道府県初のオープンデータのポータルサイト。観光情報や防災情報をはじめ、県や県内の市町などから提供されたデータが利用できる。世界文化遺産に登録された富士山のビューポイントやハイキングコース情報が人気。

自分の払った税金の使われ方を見える化

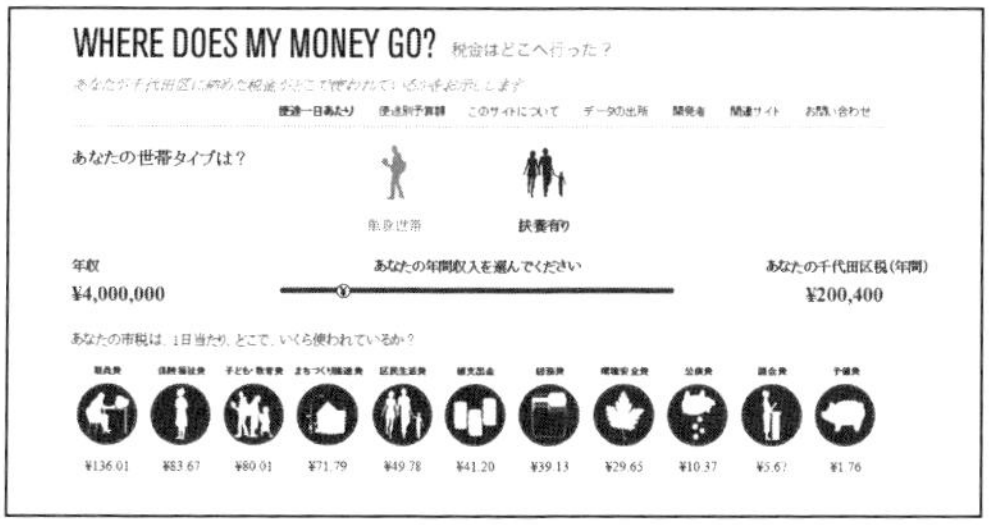

●税金はどこへ行った？(WHERE DOES MY MONEY GO?)
ホームページ:http://spending.jp/

「税金はどこへ行った？」では、自分が支払った税金がどう使われるかを、自治体の決算資料などをもとに算出。税金が支える公共サービスの受益と負担の関係が理解できる。オープンデータを推進する非営利団体Open Knowledge Foundationが開発したプログラムをもとに有志によって立ち上げられたもので、170以上の自治体のサイトが公開されている。

さらに進化

ビッグデータで地方創生へ。
地域経済分析システム「RESAS（リーサス）」

RESASは、自らの地域の現状と課題を把握し、その特性に即した地域課題を抽出するために設計されたシステム。政府のまち・ひと・しごと創生本部が開発したもので、ビッグデータを使って産業、農林水産業、観光、人口、自治体比較という切り口から地域経済を「見える化」する。
例えば人口マップでは、人口増減や将来人口推計などをグラフ化。他自治体と比較するなどして課題を抽出し、地方創生実現を後押しする。

●RESAS(Regional Economy [and] Society Analyzing System)ホームページ:https://resas.go.jp/

誰がデータを使うのか

専門家だけでなくビジネスパーソンすべてが使う

ビッグデータの出現と活用は、〝第4次産業革命〟と呼ばれるほどインパクトの大きい出来事です。これまでのビジネスの概念を変えるこの道具を使いこなす専門家「データサイエンティスト」の育成が急がれています。

しかし、ビッグデータの本質は、データを活用することで経営状況やビジネスの動向を見える化し、意思決定をより迅速に、より精密にすることです。

ビジネス全体のシステムを大きく変える道具だからこそ、専門家だけに任せていてはいけません。経営者はもちろん、マーケティン

どの立場でもデータの活用が求められる

経営者(マネジャー)

ビッグデータ収集・集積・活用には、社内の組織の壁を越えたプロジェクトや人材活用、企業や国家の枠を超えた仕組みづくりが必要になることも。データ活用の価値を理解し、仕組みづくりを推進するのは、経営者の役割（P152 参照）。

業務部門

経営企画、経営管理、マーケティング、営業、生産計画、生産管理など、市場や顧客に近い部門ほど、ユーザー目線からの価値創造アイデアが生まれやすい（P154 参照）。

データ分析の専門家(データサイエンティスト)

統計学や情報処理などのデータに関わる知識（データサイエンス）を駆使して、データを分析し、ビジネスの課題解決や価値創造につなげる専門家。社会学や心理学といった、人間の行動に関わる知識も必要とされる。

ビッグデータ処理システムの専門家

さまざまな形式の大量のデータを集積するデータベースや、ハドゥープ（P31 参照）をはじめとする技術を使ってデータを処理するシステムを構築・運用する ICT（P24 参照）の専門家。

グや営業、顧客管理、生産管理など、全ビジネスパーソンがビッグデータに携わるべきです。

個々人が「データ活用術はビジネスの基本的素養である」と意識するとともに、政府や企業が人材育成戦略を見直すべき時がきています。

キーワード

攻めのIT経営銘柄

2015年５月、経済産業省と東京証券取引所は、ITを積極的に活用してビジネスモデルを変革し、競争力強化に取り組む18社を「攻めのIT経営銘柄」として選定した。多くの日本企業がITをコスト削減などの守りに利用している現状を改め、攻めの道具に転換させることが狙いだ。企業の今後を占う１つの指標となる。

経営者はどうする?

トップダウンですばやくスタート。試行錯誤と挑戦を許す

日本企業のビッグデータ活用を促すには、経営者の意識改革が欠かせません。まず求められるのは、失敗を許容する企業風土の醸成と迅速な経営判断です。

ビッグデータは、どこよりも先んじてトライ&エラーをくり返しながら集積・活用することで、しだいに価値が高まっていくという性質があります。

実際、ビッグデータ活用の成果が業績に反映されるようになるには、3年くらいはかかる場合が多いといわれています。従来型の「部下の費用対効果の検証を待って決断する」という感覚とは一線を画

イノベーションを起こせる経営者になるには

現場に出て若者と会話をする

データの活用や現場や顧客の状況に詳しいのは、若者たち。経営者が現場に出て若者と話すことで、〝新しい道具〟の本質を理解し、経営判断に活かすことができる。また、イノベーションにつながる小さな変化にも気付くことができる。

データ活用の決断はスピードが命

データは集まるのに時間がかかるが、集まり始めると急増する。また、最初にデータを集め、価値を抽出した者が１人勝ちする傾向がある。どこよりも早く決断し、始めることが重要。

クックパッドの投稿レシピ数の推移

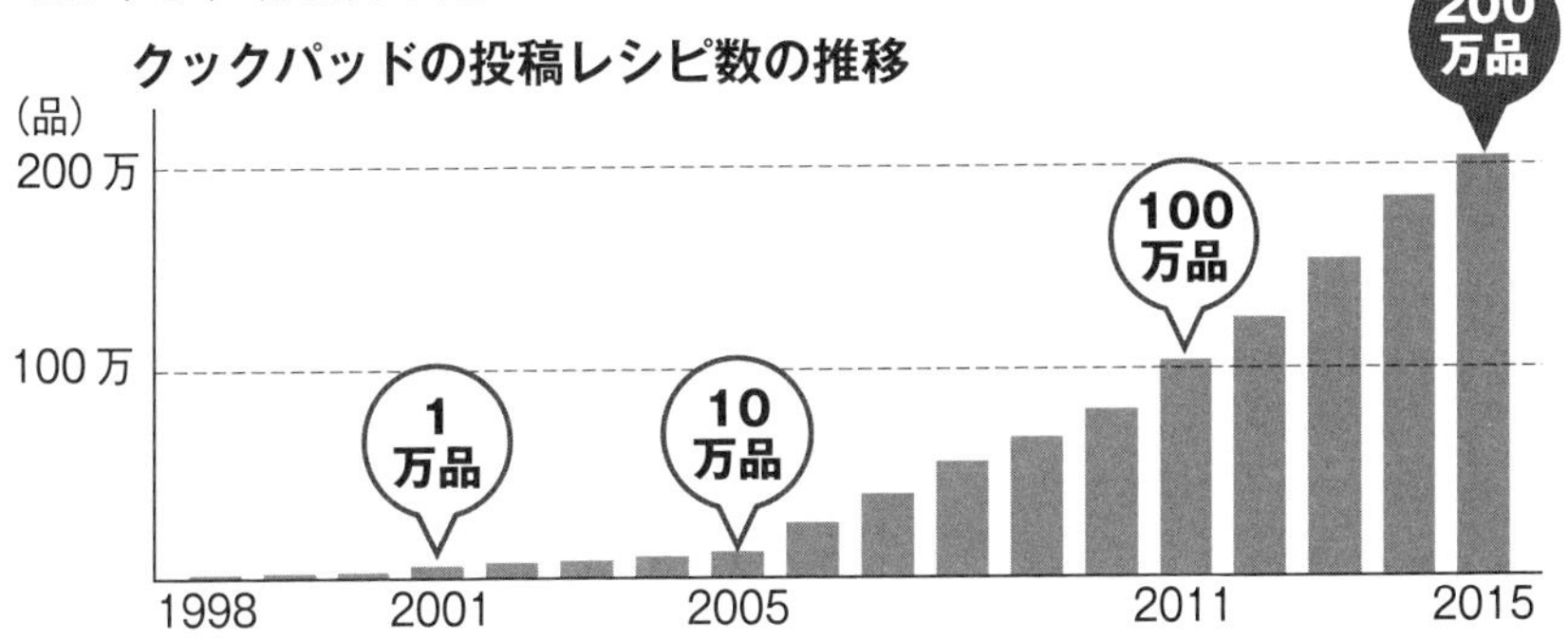

投稿レシピサイト「クックパッド」（P42参照）のレシピ数の推移。10万品蓄積まで約７年かかったが、その後は急速に増加。

出典:クックパッド2015年3月31日ニュースリリース

失敗を恐れず挑戦をほめる企業風土を

ビッグデータの活用には失敗がつきもの。失敗が許されない状況では、取り組みは進まない。失敗を恐れずに試行錯誤することを許し、挑戦するマインドを称賛する企業風土を醸成することが大切。

しているのです。

また、新しい道具であるビッグデータを活用し、イノベーションを生み出すには、部屋に閉じこもっていては何も生まれません。協業すべき他社との交流に加え、現場の若者たちと対話することがよいヒントとなります。新しい感性を持った若者は、既成概念にとらわれない発想ができます。イノベーションの源泉そのものなのです。

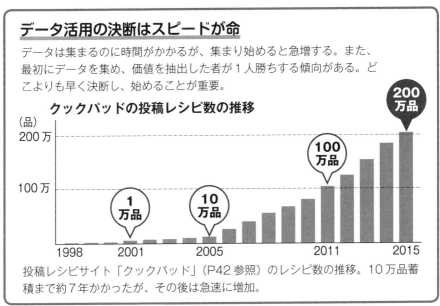

データでビジネスチャンスをつかむには

「使う立場」から考えることが新しい価値を創造する

日本の企業は、自社の技術や製品、サービスを磨き上げ、ユーザーの満足度を高めます。海外企業はこれと逆で、市場分析で自社にできていない課題点を浮上させ、ユーザーが欲している技術や製品、サービスを生み出します。

この戦略の延長線上にビッグデータの本質があります。データを集積することで新しい市場を発見していったグーグルやアマゾンが、その価値を明らかにしました。多くの企業がその成功に触発され、データ活用へ舵を切っています。日本の企業も過去の成功体験を捨て、1人ひとりの意識や行

ビッグデータ時代に求められる考え方

使う立場、解決すべき課題から戦略を考える

自分たちの技術や製品・サービスからではなく、市場やユーザーは何を求めているのか、解決すべき課題は何かをまず考える。そのうえで、既存の製品やサービスの活用、新規開発や他社との提携などで解決を試みる。

“神様目線”でモノゴトをとらえる

社内での自分の立場からではなく、会社全体、顧客のビジネスの発展、社会全体の今後を考える“神様目線”を持つ。発想の枠が広がり、ユーザーや社会にとって魅力的な価値の創造につながる。

5〜10年先を見すえてチャレンジする

ビッグデータの活用が進むと、ユーザーや社会からの要求が直接技術開発の現場に影響するようになる。技術開発やビジネスで先行するには、世界の潮流を常にチェックし、先を見越してチャレンジをくり返すことが大切。

ビッグデータ時代、
成功の反対は失敗ではなく
「何もしないこと」。
失敗を恐れず
挑戦する人・組織に
未来はほほえみます！

動を変革することが不可欠です。

データがビジネスを主導しても、意思決定は人が行います。つまり、人の資質によってデータを活用できるかどうかは変わってきます。だからこそ、これからのビジネスパーソンは、物事を俯瞰《ふかん》できる豊かな経験を積み重ねたうえで、データを使いこなす感性を育てなければなりません。

「勘と経験と度胸とデータ」で価値を創造できるビジネスパーソンになること。これこそがビジネスチャンスをつかむ第一歩なのです。

あ行

か行

さ行

た行

な行

は行

参考文献

『ビッグデータがビジネスを変える』稲田修一（アスキー・メディアワークス）

『インプレス標準教科書シリーズ　M2M/IoT教科書』稲田修一監修（インプレス）

『別冊宝島2056　最強のスキル「統計学」必須のツール「ビッグデータ」』（宝島社）

『スマート化する放送』日本民間放送連盟・研究所編（三省堂）

『2015年のビッグデータ』（日経BP社）

『ビッグデータ入門』小林孝嗣＆できるシリーズ編集部（インプレスジャパン）

『ビッグデータの衝撃』城田真琴（東洋経済新報社）

『ビッグデータの覇者たち』海部美知（講談社）

『ナンバーワン企業の成功のしくみ』コマツ（株式会社小松製作所）、株式会社エイチ・アイ・エス、スギホールディングス株式会社、株式会社千趣会、セコム株式会社監修（幻冬舎）

『人工知能は人間を超えるか　ディープラーニングの先にあるもの』松尾豊（KADOKAWA／中経出版）

『高校野球　弱者の発想』田尻賢誉（日刊スポーツ出版社）

「情報通信白書」平成18、26、27年版（総務省）

「季刊DBJ」No.16（株式会社日本政策投資銀行）

「経済産業ジャーナル」2011年10・11月号、2013年6・7月号（経済産業省）

「週刊東洋経済」2015年6月13日号（東洋経済新報社）

「NHKきょうの健康」2014年10月号（NHK出版）

「公衆衛生」Vol.79 No.9（医学書院）

「外部データの活用に関する海外調査報告書～米国におけるオープンデータ等の動向と外部データ活用ビジネス事例を中心に～」東京大学先端科学技術研究センターICT実証フィールドコンソーシアム

「2015年版ものづくり白書」（経済産業省、厚生労働省、文部科学省編）

「官民ＩＴＳ構想・ロードマップ2015」（高度情報通信ネットワーク社会推進戦略本部）

日本経済新聞電子版（http://www.nikkei.com/）

nikkei BPnet（http://www.nikkeibp.co.jp/）

各企業ホームページ、プレスリリース

稲田修一（いなだ　しゅういち）

東京大学先端科学技術研究センター特任教授／情報未来創研代表。1954年福岡県生まれ。九州大学大学院工学研究科修士課程修了（情報工学専攻）、米国コロラド大学大学院修士課程修了（経済学専攻）。1979年に郵政省（現総務省）入省。モバイル、ユビキタス、セキュリティ、情報流通などICT分野の政策立案や技術開発を担当。大臣官房審議官を経て総務省を退官、2012年より東京大学先端科学技術研究センター特任教授。2015年よりコンサルティング業務開始。

著書に『ビッグデータがビジネスを変える』（アスキー・メディアワークス）、監修書に『インプレス標準教科書シリーズ M2M/IoT教科書』（インプレス）などがある。

装幀　石川直美（カメガイ デザイン オフィス）
装画　Marc Shimon/Masterfile/amanaimages
本文イラスト　かんべみのり
本文デザイン　バラスタジオ（高橋秀明）
校正　黒石川由美
編集協力　西一、オフィス201（保田智子）
編集　鈴木恵美（幻冬舎）

知識ゼロからのビッグデータ入門

2016年1月25日　第1刷発行

著　者　稲田修一
発行人　見城　徹
編集人　福島広司

発行所　株式会社　幻冬舎
〒151-0051　東京都渋谷区千駄ヶ谷4-9-7
電話　03-5411-6211（編集）　03-5411-6222（営業）
振替00120-8-767643
印刷・製本所　近代美術株式会社

検印廃止

ISBN978-4-344-90308-1 C2095
Printed in Japan
幻冬舎ホームページアドレス　http://www.gentosha.co.jp/
この本に関するご意見・ご感想をメールでお寄せいただく場合は、comment@gentosha.jpまで。